1일 15해

KB005726

한국사 ❷

후삼국~고려 시대편

"하루 15분" 똑똑한 공부 습관

1일 1독해

초판 5쇄	2024년 6월 12일
초판 1쇄	2022년 6월 20일
펴낸곳	메가스터디(주)
펴낸이	손은진
개발 책임	김문주
개발	양수진, 최성아, 최란경, 조지현
글	큰곰자리
그림	김지애
디자인	이정숙, 주희연
마케팅	엄재욱, 김상민
제작	이성재, 장병미
사진 제공	강화군, 국립중앙박물관, 경주시, 금산사, 연등회보존위원회, 파주시, 해인사, 연합뉴스, 토픽이미지스, Getty Images Bank
주소	서울시 서초구 효령로 304(서초동) 국제전자센터 24층
대표전화	1661.5431
홈페이지	http://www.megastudybooks.com
출판사 신고 번호	제 2015-000159호록
출간제안/원고투고	메가스터디북스 홈페이지 <투고 문의>에 등록

· 이 책의 저작권은 메가스터디 주식회사에 있으므로 무단으로 복사, 복제할 수 없습니다. 파본은 바꿔 드립니다.
· 발간 이후 발견되는 오류 사항은 '홈페이지 〉 자료실 〉 정오표'를 통해 알려 드립니다.

일러두기
· 맞춤법과 띄어쓰기는 국립국어원에서 펴낸 《표준국어대사전》을 기준으로 삼되, 초등학교 교과서의 표기를 참고했습니다.
· 외국의 인명과 지명은 국립국어원에서 펴낸 《외래어 표기법》을 따랐습니다.
· 본 저작물은 공공누리 제1유형에 따라 공공 저작물을 이용하였습니다.

메가스터디BOOKS

'메가스터디북스'는 메가스터디㈜의 출판 전문 브랜드입니다.

유아/초등 학습서, 중고등 수능/내신 참고서는 물론, 지식, 교양, 인문 분야에서 다양한 도서를 출간하고 있습니다.

KC · 제품명 1일 1독해 한국사 2
· 제조자명 메가스터디㈜ · 제조년월 판권에 별도 표기 · 제조국명 대한민국 · 사용연령 3세 이상
· 주소 및 전화번호 서울시 서초구 효령로 304(서초동) 국제전자센터 24층 / 1661-5431

매일매일 공부 습관을 길러 주는 공부 친구

내 이름은 체키
Checky

· 나이 ·
11세

· 태어난 곳 ·
태양계 시간성

왕크왕귀

· 특징 ·
몸집에 비해, 손과 발이 극도로 작다.
매력포인트는 왕 큰 양쪽 귀와 45도로 뻗은 진한 콧수염.

· 성격 ·
허술해 보이는 외모와 다르게 치밀하고, 자신감이 넘친다.

· 지구별에 오게 된 사연 ·
태양계 시간성에서 Wake-up을 담당하는 자명종으로 태어나 지구별로 오게 됐으나,
신기한 지구 생활 매력에 푹 빠져, 하루 종일 신나는 모험 중이다.

· 새로운 재능 ·
'초집중 탐구력'을 발견하고 마음껏 뽐내고 있다.

하루 15분!

· 특기 ·
롤롤이 타고 탐험하기

체키 전용 롤러보드
↳ 롤롤이

· 꿈 ·
메가스터디북스 모든 책의 주인공 되기

1일 1독해

우리 아이 10년 뒤를 바꾸는 독해력!

독해력은 모든 학습의 기초 체력입니다. 초등 시기에 제대로 읽고 이해하는 독해력을 탄탄하게 다져 놓으면, 중학생, 고등학생이 되어 아무리 어려운 지문과 문제를 접하더라도 그 내용을 잘 이해할 수 있고 차근차근 문제를 풀 수 있습니다. 독해력이 뛰어난 아이일수록 여러 교과의 내용을 쉽게 이해할 수 있고, 자신의 생각을 풍부하고 명확하게 표현할 수 있습니다.

왜? 1일 1독해일까?

〈1일 1독해〉 시리즈는 주제에 맞는 이야기가 짧은 지문으로 제시되어 부담 없이 매일 한 장씩 풀기 좋습니다. 독해는 어릴 때 습관을 잡아 주는 것이 가장 중요합니다. 메가스터디북스의 〈1일 1독해〉 시리즈로 몸의 근육을 키우듯 **아이의 학습 근육을 키워 주세요.**

1일 1독해, 엄마들이 선택한 이유가 있습니다!

1 아이가 재미있어서 스스로 보는 책

왜 아이들은 1일 1독해를 "재미있다"고 할까요?
눈높이에 맞는 흥미로운 주제의 지문들을 읽는 즐거움이 있기 때문입니다.
지문을 읽고 바로바로 문제를 풀어 확인하는 단순한 학습 패턴에서 아이는 공부의 재미를 느끼게 됩니다.

2 매일 완독하니까 성공의 경험이 쌓이는 책

하루 15분! 지문 1쪽, 문제 1쪽의 부담 없는 학습량으로 아이는 매일매일 성공적인 학습을 경험합니다.
매일 느끼는 성취감은 꾸준한 학습 습관으로 이어지고, 완독의 경험이 쌓여 아이의 공부 기초 체력이 됩니다.

3 독해 학습과 배경지식 확장이 가능한 책

한국사, 세계사, 사회 등 교과 연계 주제 지문으로 교과 학습 대비가 가능하고,
세계 명작, 고전, 인물까지 인문 교양과 관련된 폭넓은 주제의 지문으로 배경지식을 확장시킬 수 있습니다.
또한 다양한 유형의 문제로 독해력을 키우는 데 효과적입니다.

메가스터디북스 1일 1독해 시리즈

〈1일 1독해〉 시리즈는 독해를 시작하는 예비 초~저학년을 위한 **이야기 시리즈**, 초등학교 전학년이 볼 수 있는 교과 연계 중심의 **교과학습 시리즈**, 배경지식을 확장해 주는 **인문교양 시리즈**로 구성하였습니다.

예비 초~2학년

이야기

과학 이야기 ❶~❻
세계 나라 ❶, ❷
세계 명작
마음 이야기
전 10권

호기심을 키우는 다양한 주제의 이야기로, 아이가 관심 있는 주제부터 시작하여 차근차근 독해력을 길러 줍니다.

초등 교과학습

한국사

❶ 선사~통일 신라, 발해편
❷ 후삼국~고려 시대편
❸ 조선 시대편(상)
❹ 조선 시대편(하)
❺ 대한 제국~현대편
전 5권

우리 역사의 주요 사건과 인물을 시대별로 구성하여, 한국사의 흐름을 이해하고 교과 학습에 대비할 수 있습니다.

세계사

❶ 고대편
❷ 중세편
❸ 근대편(상)
❹ 근대편(하)
❺ 현대편
전 5권

세계사의 주요 장면들을 독해로 학습하며 우리 아이가 반드시 알아야 할 세계사 지식을 시대별 흐름에 맞춰 익힐 수 있습니다.

초등 사회

❶~❺
전 5권

사회 문화, 지리, 전통문화, 정치, 경제 등의 사회 교과 독해를 통해 교과 학습에 대비할 수 있습니다.

초등 인문교양

세계 고전 50 ┃ 우리 고전 50

세계 고전 50 ❶, ❷
우리 고전 50
❶ 삼국유사 설화
❷ 교과서 고전문학
전 4권

초등학생이 꼭 읽어 두어야 할 세계 고전 50편과 우리 고전 50편을 하이라이트로 미리 접하며 교양을 쌓을 수 있습니다.

세상을 바꾼 인물 100

❶ 문화·예술
❷ 과학·기술
❸ 의료·봉사
❹ 경제·정치
전 4권

교과서에 수록된 인물을 중심으로 초등학생이 꼭 알아야 할 위대한 인물 100명의 이야기를 통해 바른 인성을 기를 수 있습니다.

지문 1쪽 문제 1쪽으로 매일매일 독해력 강화!

선사부터 삼국, 조선,
대한 제국, 현대까지
시대별로 구성되어
역사의 흐름을 파악할 수
있도록 도와줍니다.

역사 속 인물, 사건, 제도,
문화 등 다양한 글감으로
우리 역사에 대한 호기심을
갖게 하고 지식을 쌓게 합니다.

지문과 관련된
연표를 제공하여
역사의 흐름 속에서
이야기를 이해할 수
있도록 도와줍니다.

통일 신라

흔들리는 천년 왕국, 신라

삼국 통일을 이룬 신라는 약 100년 동안 평화로웠어요. 그러나 나이 어린 혜공왕이 왕이 된 후부터 귀족들이 왕의 자리를 차지하기 위해 다툼을 벌였어요. 150여 년 동안 20명의 왕이 바뀌었지요.

그동안 귀족들은 물려받은 많은 땅과 재산으로 호화롭게 생활했어요. 귀족들의 기와집에서는 노랫소리가 끊이지 않았지요. 하지만 농민들은 힘들게 살았어요. 나라에서는 농민들로부터 점점 더 많은 세금을 거두어 갔어요. 그러다 보니 흉년이 들면 끼니조차 해결하기 어려웠지요. 결국 진성 여왕* 때 여기저기에서 농민들이 봉기해 지방의 관청을 공격했어요. 신라는 혼란에 빠지게 되었지요.

한편 지방에는 많은 땅을 가지고 있거나 군사를 거느린 힘센 호족이 나타났어요. 이들은 스스로를 '성주' 또는 '장군'이라고 부르며, 성을 쌓고 군사를 모아 그 지방의 백성을 다스렸어요. 호족들은 점차 신라 왕실을 위협하게 되었지요.

신라 왕과 귀족들이 술잔을 띄우며
즐기던 포석정

765년	822년	887년	889년
혜공왕이 왕위에 오름.	김헌창이 난을 일으킴.	진성 여왕이 왕위에 오름.	원종과 애노의 난이 일어남.

매일 한 편씩
글감을 읽고 문제를 풀며
학습 습관을 기릅니다.

읽은 것 확인하기

읽은 날짜 :　　월　　일

1 혜공왕 이후에 신라에 일어난 일을 모두 고르세요.

　① 귀족들이 왕의 자리를 차지하기 위해 다툼을 벌였어요.
　② 150여 년 동안 20명의 왕이 바뀌었어요.
　③ 농민들은 곡식을 기르며 호화롭게 생활했어요.
　④ 진성 여왕 때는 흉년이 들면 귀족들이 농민들에게 쌀을 나누어 주었어요.

2 빈칸에 들어갈 사람을 〈보기〉에서 찾아 번호를 쓰세요.

　보기　① 군사　② 농민　③ 귀족

　• (　　　)들은 기와집에서 호화롭게 생활했어요.
　• (　　　)들은 흉년이 들면 끼니조차 해결하기 어려웠어요.

쓰기 중심의 문제를 풀며
**내용을 확실하게
이해했는지 확인합니다.**

3 진성 여왕 때 힘들게 살던 농민들이 무엇을 했는지 빈칸에 알맞은 말을 쓰세요.

　　진성 여왕 때 농민들이 ＿＿＿＿＿＿＿＿＿ 해 지방의 관청을 습격했어요.

4 누구에 대한 설명인지 알맞은 것을 찾아 따라 쓰세요.

　　스스로를 '성주' 또는 '장군'이라고 부르며, 지방에서 성을 쌓고
　　군사를 모아 그 지방의 백성을 다스리는 사람을 뜻하는 말이에요.

농민　　호족　　귀족

◆ 역사 용어

진성 여왕 신라 제51대 왕으로, 이때 농민 원종과 애노가 반란을 일으켜 나라가 어수선했음.
봉기 사회가 혼란스러울 때 사람들이 벌 떼처럼 떼 지어 세차게 일어남.

역사 속 인물이나 제도 등
역사 용어를 설명하여
**글감에 대한
이해를 높입니다.**

1일 1독해 차례

통일 신라

· 흔들리는 천년 왕국, 신라   8

후삼국

· 후백제를 세운 견훤   10
· 후고구려를 세운 궁예   12

고려

· 고려를 세운 왕건   14
· 후삼국을 통일한 고려   16
· 29명의 부인을 거느린 왕건   18
· 태조 왕건의 가르침이 담긴 훈요 10조   20
· 대대로 이어지는 문벌 귀족   22
· 당당한 고려의 여성들   24
· 불교의 나라, 고려   26
· 고려에서는 관리를 어떻게 뽑았을까요?   28
· 고려의 국제 무역항, 벽란도   30

고려

· 고려의 다양한 금속 화폐   32

· 연등회와 팔관회   34

· 고려를 대표하는 고려청자   36

· 거란을 물리친 서희의 담판   38

· 강감찬과 귀주 대첩   40

· 왕자에서 승려가 된 대각 국사 의천   42

· 난을 일으킨 무신들   44

· 노비의 난을 일으킨 만적   46

· 30여 년간 계속된 몽골의 침략   48

· 강화도로 도읍을 옮긴 고려   50

· 전쟁 중에 만들어진 해인사 대장경판   52

· 금속 활자와 ≪직지심체요절≫   54

· 삼별초의 항쟁   56

· 원나라의 간섭을 받게 된 고려   58

· 고려에서 유행한 몽골풍   60

· 목화씨를 들여온 문익점   62

· 화약을 만든 최무선   64

· 실패로 끝난 공민왕의 개혁 정치   66

흔들리는 천년 왕국, 신라

삼국 통일을 이룬 신라는 약 100년 동안 평화로웠어요. 그러나 나이 어린 혜공왕이 왕이 된 후부터 귀족들이 왕의 자리를 차지하기 위해 다툼을 벌였어요. 150여 년 동안 20명의 왕이 바뀌었지요.

그동안 귀족들은 물려받은 많은 땅과 재산으로 호화롭게 생활했어요. 귀족들의 기와집에서는 노랫소리가 끊이지 않았지요. 하지만 농민들은 힘들게 살았어요. 나라에서는 농민들로부터 점점 더 많은 세금을 거두어 갔어요. 그러다 보니 흉년이 들면 끼니조차 해결하기 어려웠지요. 결국 진성 여왕* 때 여기저기에서 농민들이 봉기*해 지방의 관청을 공격했어요. 신라는 혼란에 빠지게 되었지요.

한편 지방에는 많은 땅을 가지고 있거나 군사를 거느린 힘센 호족이 나타났어요. 이들은 스스로를 '성주' 또는 '장군'이라고 부르며, 성을 쌓고 군사를 모아 그 지방의 백성을 다스렸어요. 호족들은 점차 신라 왕실을 위협하게 되었지요.

신라 왕과 귀족들이 술잔을 띄우며
즐기던 포석정

765년	822년	887년	889년
혜공왕이 왕위에 오름.	김헌창이 난을 일으킴.	진성 여왕이 왕위에 오름.	원종과 애노의 난이 일어남.

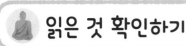

1 혜공왕 이후에 신라에 일어난 일을 모두 고르세요.

① 귀족들이 왕의 자리를 차지하기 위해 다툼을 벌였어요.

② 150여 년 동안 20명의 왕이 바뀌었어요.

③ 농민들은 곡식을 기르며 호화롭게 생활했어요.

④ 진성 여왕 때는 흉년이 들면 귀족들이 농민들에게 쌀을 나누어 주었어요.

2 빈칸에 들어갈 사람을 〈보기〉에서 찾아 번호를 쓰세요.

> 보기   ① 군사   ② 농민   ③ 귀족

- (   )들은 기와집에서 호화롭게 생활했어요.

- (   )들은 흉년이 들면 끼니조차 해결하기 어려웠어요.

3 진성 여왕 때 힘들게 살던 농민들이 무엇을 했는지 빈칸에 알맞은 말을 쓰세요.

진성 여왕 때 농민들이 ＿＿＿＿＿＿＿＿＿ 해 지방의 관청을 습격했어요.

4 누구에 대한 설명인지 알맞은 것을 찾아 따라 쓰세요.

> 스스로를 '성주' 또는 '장군'이라고 부르며, 지방에서 성을 쌓고
> 군사를 모아 그 지방의 백성을 다스리는 사람을 뜻하는 말이에요.

농민   호족   귀족

역사용어

진성 여왕 신라 제51대 왕으로, 이때 농민 원종과 애노가 반란을 일으켜 나라가 어수선했음.
봉기 사회가 혼란스러울 때 사람들이 벌 떼처럼 떼 지어 세차게 일어남.

후백제를 세운 견훤

견훤은 농민의 아들로 태어나 신라의 장군이 되었어요.

어느 날 견훤은 도적 떼가 나타났다는 소리를 듣고 물리치러 갔어요. 그런데 그 도적 떼는 무거운 세금과 계속된 흉년으로 굶주림을 견디다 못해 스스로 도적이 된 농민들이었어요.

견훤은 이들의 처지를 안타깝게 여겨 신라에 맞서기로 했어요.

"더 이상 신라는 희망이 없습니다. 나와 함께 새로운 나라를 만듭시다!"

수많은 농민이 견훤을 따랐어요. 지방의 호족들도 힘을 보탰지요. 견훤은 옛 백제 땅의 대부분을 차지했어요.

"옛 백제 땅의 백성들이 나를 따르니, 내가 의자왕*의 원한을 갚을 것이다."

마침내 견훤은 완산주*를 도읍으로 삼고 새로운 나라 '후백제'를 세웠어요. 완산주는 넓고 기름진 평야가 있었고, 물길이 이어져 교통이 편리했어요. 견훤은 후백제를 잘 다스리며 점차 땅을 넓혀 갔어요.

892년	900년	901년
견훤이 광주에서 반란을 일으킴.	견훤이 후백제를 세움.	궁예가 후고구려를 세움.

■ 읽은 것 확인하기

1 누구에 대한 설명인지 빈칸에 알맞은 이름을 쓰세요.

_____은/는 신라의 장군이었으나, 농민들이 도적 떼가 된 것을 보고 신라에 맞서 새로운 나라를 세웠어요.

2 글을 읽으면서 알맞은 말에 ○ 하세요.

견훤은 옛 (백제 / 고구려) 땅의 대부분을 차지했어요.

3 견훤이 세운 나라의 이름을 쓰세요.

4 완산주에 대한 설명으로 맞으면 ○, 틀리면 × 하세요.

(1) 신라의 도읍으로, 화려한 궁궐이 있었다.　　　　　　　　　　(　　　　)

(2) 넓고 기름진 평야가 있었다.　　　　　　　　　　　　　　　　(　　　　)

(3) 물길이 이어져 교통이 편리했다.　　　　　　　　　　　　　　(　　　　)

(4) 옛 고구려의 땅으로 북쪽에 있었다.　　　　　　　　　　　　　(　　　　)

● 역사 용어

의자왕 백제 제31대 왕으로, 백제의 마지막 왕이었음.

완산주 지금의 전라북도 전주.

후고구려를 세운 궁예

신라 왕족 출신이라고 전해지는 궁예는 세달사에서 불교를 공부하던 승려였어요. 그런데 곳곳에서 농민들이 반란을 일으키고 신라 왕실의 힘이 약해지자, 스스로 세상을 구원해야겠다고 마음먹었어요.

궁예는 양길*을 찾아가 그의 부하가 되었어요. 궁예는 양길의 군사를 이끌고 동쪽으로 나아갔어요. 궁예는 군사들과 함께 고생하며 그들을 공평하게 대했어요. 군사들도 그런 궁예를 믿고 따랐지요. 지방의 호족들도 군사를 내어 주며 궁예를 따랐어요. 어느새 궁예는 수천 명의 군사를 거느리게 되었어요.

궁예의 힘이 커지자 불안해진 양길은 군대를 보내 궁예를 없애려 했어요. 하지만 궁예가 양길을 몰아냈어요. 더 이상 궁예를 막을 사람은 없었지요.

궁예는 송악*에 도읍을 정하고 '후고구려'를 세웠어요. 그 뒤 궁예는 철원으로 도읍을 옮기고, 나라 이름을 '태봉'으로 고쳤어요. 태봉은 '하늘에서 임명했다.'는 뜻으로, 궁예가 나라를 세우고 왕이 된 것이 하늘의 뜻이라는 거예요.

901년	905년	911년
궁예가 후고구려를 세움.	철원으로 도읍을 옮김.	나라 이름을 태봉으로 고침.

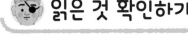
1   세달사의 승려로, 세상을 구원하겠다고 마음먹은 사람은 누구인지 쓰세요.

2   궁예가 세운 나라의 이름과 도읍을 빈칸에 쓰세요.

궁예는 [   ]에 도읍을 정하고 [   ]를 세웠어요.

3   궁예가 후고구려를 세운 과정을 차례에 맞게 번호를 쓰세요.

| 수천 명의
군사들이
궁예를 따랐다. | 양길을 찾아가
그의 부하가
되었다. | 신라의 힘이 약해
지자 세상을 구원
하기로 마음먹었다. | 양길을 몰아내고
후고구려를
세웠다. |

4   빈칸에 들어갈 말이 알맞게 짝 지어진 것을 고르세요.

궁예는 [   ]으로 도읍을 옮기고, 나라 이름을 [   ]으로 고쳤어요.

① 송악 – 고구려   ② 철원 – 고구려   ③ 철원 – 태봉   ④ 태봉 – 송악

● 역사용어

양길 진성 여왕 때 원주에서 봉기를 일으킨 호족.
송악 지금의 경기도 개성.

고려를 세운 왕건

송악의 호족이었던 왕건은 궁예의 부하가 되어 여러 전투에서 승리를 거두며 가장 높은 벼슬까지 올랐어요. 많은 사람이 왕건을 믿고 따랐지요.

어느 날 밤, 태봉의 장군들이 왕건을 찾아왔어요. 홍유, 배현경, 복지겸, 신숭겸*이었지요.

"장군, 궁예 왕은 너무 포악해서 죄 없는 사람들을 죽이고 있습니다. 궁예 왕을 몰아내고 새로운 왕을 세우고자 하니 장군이 나서 주십시오."

왕건은 신하의 도리가 아니라며 거절했어요. 이때 대화를 엿듣던 왕건의 부인이 갑옷을 들고 와 설득했어요. 결국 왕건은 여러 장군을 이끌고 궁궐로 쳐들어가 궁예를 몰아냈어요.

왕건은 새로운 나라의 이름을 옛 고구려를 잇는다는 뜻으로 '고려'라고 하고, 이듬해 도읍을 철원에서 송악으로 옮겼어요.

개성에 있는 고려 왕궁 터인 만월대의 현재 모습

918년	919년	936년
왕건이 고려를 세움.	송악으로 도읍을 옮김.	고려가 후삼국을 통일함.

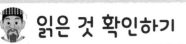

1   왕건에 대한 설명으로 맞는 것을 모두 고르세요.

    ① 원래 송악의 호족이었어요.

    ② 궁예의 부하로 여러 전투에 나가 싸웠어요.

    ③ 신하의 도리를 지키기 위해 태봉의 장군들과 싸웠어요.

    ④ 궁예를 몰아내고 새로운 나라를 세웠어요.

2   왕건에게 궁예를 몰아내자고 한 태봉의 장군을 모두 찾아 ○ 하세요.

> 홍유   계백   배현경   복지겸   을지문덕   신숭겸

3   빈칸에 들어갈 나라의 이름을 〈보기〉에서 찾아 쓰세요.

    보기
    고려
    고구려

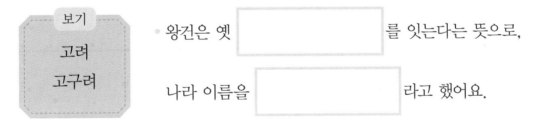

    • 왕건은 옛 [   ] 를 잇는다는 뜻으로,

      나라 이름을 [   ] 라고 했어요.

4   왕건은 도읍을 어디에서 어디로 옮겼는지 빈칸에 쓰세요.

> 왕건은 도읍을 _____ 에서 _____ 으로 옮겼어요.

🔖 역사 용어

신숭겸 고려를 세우는 데 큰 역할을 한 장군으로, 훗날 견훤의 군대와 싸우다 왕건을 구하고 죽음.

후삼국을 통일한 고려

927년, 후백제의 견훤은 군대를 이끌고 신라에 쳐들어가 신라의 경애왕을 죽였어요. 신라는 고려에 도움을 요청했지요. 고려의 태조 왕건은 공산*에서 후백제의 군대와 맞붙었으나 크게 지고 말았어요. 그리고 3년 뒤 고창*에서 후백제의 군대와 다시 맞붙었어요. 이 싸움에서는 고려가 크게 승리했지요.

그 후 후백제에서는 왕위를 둘러싸고 다툼이 일어났어요. 견훤이 넷째 아들인 금강에게 왕위를 물려주려고 하자, 맏아들 신검이 금강을 죽이고 아버지 견훤을 금산사에 가두었어요. 분하고 억울한 견훤은 금산사를 탈출하여 왕건을 찾아갔어요. 왕건은 견훤을 따뜻하게 맞아 주었지요.

이 소식을 들은 신라의 경순왕*도 고려에 항복했어요. 혼란스러운 신라를 더 이상 다스릴 수 없었기 때문이에요. 왕건은 신라의 항복을 받아들이고, 경순왕을 궁궐에서 가장 좋은 유화궁에 머물게 했어요. 그 뒤 고려는 후백제를 공격해 멸망시켰어요. 이로써 후삼국은 다시 하나의 나라가 되었어요.

고려의 후삼국 통일은 우리 민족 스스로가 이룬 통일이에요. 이후 발해 유민*까지 받아들여 참된 민족 통일을 이루었지요.

견훤이 갇혀 지낸 김제 금산사

927년	930년	935년	936년
공산 전투가 일어남.	고창 전투가 일어남.	신라가 항복함.	고려가 후삼국을 통일함.

읽은 것 확인하기

1 고려와 후백제의 전투가 어떻게 되었는지 빈칸에 알맞은 나라 이름을 쓰세요.

> 공산 전투에서는 ＿＿＿＿＿＿＿＿ 가 승리했고,
>
> 3년 뒤인 고창 전투에서는 ＿＿＿＿＿＿＿＿ 가 승리했어요.

2 후백제의 신검은 아버지 견훤을 왜 금산사에 가두었는지 빈칸에 쓰세요.

> 견훤이 넷째 아들인 금강에게 ＿＿＿＿＿＿＿＿ 를 물려주려고 했기 때문에

3 고려가 후삼국을 통일한 과정을 차례에 맞게 번호를 쓰세요.

신라의 경순왕이 고려에 항복했다.	고려가 신검이 다스리는 후백제를 공격했다.	금산사에 갇혀 있던 견훤이 왕건을 찾아갔다.	후백제를 멸망시키고 후삼국을 하나로 통일했다.
◯	◯	◯	◯

4 후삼국 통일에 대한 설명으로 맞는 것을 모두 고르세요.

① 우리 민족 스스로가 이룬 통일이에요.
② 당나라의 도움을 받아 이룬 통일이에요.
③ 발해 유민까지 받아들여 참된 민족 통일을 이루었어요.
④ 신라와 고려 사람들끼리만 하나가 된 통일이에요.

역사 용어

공산 대구 팔공산을 달리 부르는 이름.
고창 지금의 경상북도 안동.
경순왕 신라 제56대 왕으로, 신라의 마지막 왕이었음.
유민 나라가 망하여 여기저기 떠돌아다니는 무리.

29명의 부인을 거느린 왕건

고려는 후삼국을 통일했지만, 지방의 호족들은 여전히 자신의 지역을 다스렸어요. 호족들은 언제든지 군사를 일으켜 왕의 자리를 위협할 수도 있었지요. 그래서 태조 왕건은 힘센 호족들을 자기편으로 만들어야 했어요.

그 방법 중 하나가 호족들의 딸과 결혼하는 것이었어요. 태조 왕건은 왕이 되기 전 얻은 신혜 왕후*와 장화 왕후*까지 모두 29명의 부인을 두었어요. 자식도 34명이나 있었지요. 딸이 없는 호족에게는 한 가족이란 뜻으로 그들에게 왕씨 성을 주었어요.

이 방법으로 태조 왕건은 여러 호족을 자기편으로 만들어 나라를 안정적으로 다스릴 수 있었어요. 그러나 태조 왕건이 죽은 뒤에는 호족들이 자신의 딸이 낳은 아들을 왕으로 세우기 위해서 다투기 시작했어요.

918년	936년	943년
왕건이 고려를 세움.	고려가 후삼국을 통일함.	왕건이 세상을 떠남.

읽은 것 확인하기

1 태조 왕건이 호족의 딸들과 결혼한 이유로 알맞은 것에 ○ 하세요.

> 힘센 호족들을 자기편으로
> 만들기 위해서

> 호족들의 재산을
> 빼앗기 위해서

2 태조 왕건은 모두 몇 명의 부인을 두었나요?

    명

3 태조 왕건은 딸이 없는 호족에게는 무엇을 주었는지 빈칸에 쓰세요.

> 한 가족이란 뜻으로 자신의 성인 _____ 을 주었어요.

4 태조 왕건이 호족의 딸과 결혼한 결과로 맞으면 ○, 틀리면 ✕ 하세요.

(1) 부인들이 서로 질투하고 다투었다.   (   )
(2) 나라를 안정적으로 다스릴 수 있었다.   (   )
(3) 나라 여기저기서 호족들이 반란을 일으켰다.   (   )
(4) 왕건이 죽은 뒤 왕의 자리를 두고 호족들이 다투었다.   (   )

역사용어

신혜 왕후 고려 태조 왕건의 부인으로, 궁예를 몰아내라고 왕건을 설득함.
장화 왕후 고려 태조 왕건의 부인으로, 고려 제2대 왕인 혜종의 어머니.

태조 왕건의 가르침이 담긴 훈요 10조

태조 왕건은 목숨이 얼마 남지 않자, 나라의 앞날이 걱정되었어요. 왕건은 신하를 불러 자신의 열 가지 가르침을 적도록 했어요. 이것이 바로 '훈요 10조'예요.

훈요 10조의 1조는 '불교를 널리 믿어라.'예요. 고려가 불교를 매우 중요하게 여겼다는 것을 알 수 있어요.

2조는 '풍수지리설에 따라 절을 세우라.'예요. 풍수지리설은 땅에도 신비한 힘이 있어 그 기운에 따라 사람의 운명이 결정된다는 것으로, 고려 시대에 크게 유행했어요.

5조는 '후대 왕들은 일 년에 100일 이상을 서경[*]에서 지내라.'예요. 서경은 고구려의 도읍이었던 곳으로, 옛 고구려 땅을 되찾기를 바라는 왕건의 마음이 담겨 있지요.

이 밖에도 '맏아들이 왕이 되는 것이 원칙이되, 현명하지 않으면 다른 아들이 될 것', '거란의 제도를 본받지 말 것', '책을 많이 읽을 것' 등 나라를 안정적으로 다스리는 방법들이 담겨 있어요.

훈요 10조는 이후 고려의 정책에 큰 영향을 주었어요.

태조 왕건 영정

918년
왕건이
고려를 세움.

936년
고려가
후삼국을 통일함.

943년
왕건이
훈요 10조를 남김.

읽은 것 확인하기

1 태조 왕건이 죽기 전 남긴 열 가지 가르침은 무엇인지 쓰세요.

10조

2 훈요 10조 중에서 1조의 가르침은 무엇인지 빈칸에 쓰세요.

_____를 널리 믿어라.

3 왕건이 후대 왕들에게 서경에서 일 년에 100일 이상 지내라고 한 이유를 고르세요.

① 도읍인 개경과 가까워서
② 고구려의 도읍지로, 옛 고구려 땅을 되찾기를 원해서
③ 주변 경치가 아름다워서

4 훈요 10조의 내용으로 맞으면 ○, 틀리면 × 하세요.

(1) 풍수지리설에 따라 절을 세우라.　　　　　　　　(　　　　)
(2) 거란의 제도를 본받지 마라.　　　　　　　　　(　　　　)
(3) 백성들에게 세금을 많이 거두어라.　　　　　　　(　　　　)
(4) 책을 많이 읽어라.　　　　　　　　　　　　　(　　　　)

역사 용어

서경 지금의 평양으로, 고구려의 옛 도읍.

대대로 이어지는 문벌 귀족

　고려 시대 귀족들은 대부분 음서를 통해 관리가 되었어요. 음서는 할아버지나 아버지 등 조상이 큰 공을 세우거나 높은 관리가 되면, 그 자손은 과거 시험을 보지 않고도 관리가 될 수 있었던 제도예요. 음서를 통해 관리가 된 귀족은 5품 이상의 벼슬자리까지 쉽게 오를 수 있었어요. 이렇게 고려 시대에 대대로 높은 벼슬자리를 차지한 귀족 가문을 '문벌 귀족'이라고 해요.

　관리가 되면 나라에서 '전시과*'와 일 년에 두 번 '녹봉*'을 받았어요. 문벌 귀족들은 '공음전'이라는 땅까지 받았지요. 공음전은 나라에서 5품 이상의 높은 관리들에게 주는 땅이었어요. 이 공음전은 자손에게 물려줄 수 있었지요.

　음서와 공음전 덕분에 고려의 문벌 귀족들은 대대로 자손들에게 높은 벼슬자리와 많은 재산을 물려줄 수 있었어요.

949년	958년	976년
광종이 왕위에 오름.	과거 제도를 실시함.	전시과를 실시함.

1 고려 시대 어떤 제도에 대한 설명인지 알맞은 것을 찾아 따라 쓰세요.

> 조상이 큰 공을 세우거나 높은 자리의 관리가 되면,
> 그 자손은 과거 시험을 보지 않고도 관리가 될 수 있는 제도.

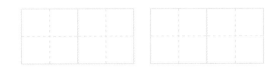

2 고려 시대에 대대로 높은 벼슬자리를 차지했던 가문을 가리키는 말을 쓰세요.

3 빈칸에 들어갈 말을 〈보기〉에서 찾아 쓰세요.

> 보기   녹봉   전시과

• 고려 시대에는 관리가 되면 나라에서 ＿＿＿＿＿＿＿＿와 일 년에 두 번 ＿＿＿＿＿＿＿＿을 받았어요.

4 공음전에 대한 설명으로 맞으면 ○, 틀리면 × 하세요.

(1) 5품 이상의 높은 관리들에게 주는 땅이었다.   (　　　　)
(2) 관리를 그만두면 나라에 다시 돌려주어야 했다.   (　　　　)
(3) 자손 대대로 물려줄 수 있었다.   (　　　　)
(4) 관리가 되면 누구나 받을 수 있었다.   (　　　　)

🚩 역사 용어

전시과 전은 농사지을 땅, 시는 땔나무를 얻을 수 있는 임야로, 벼슬을 그만두거나 죽으면 나라에 다시 돌려주어야 했음.
녹봉 관리가 나라에서 받던 것으로, 주로 쌀이나 삼베 등을 받음.

당당한 고려의 여성들

고려 시대에는 아들과 딸을 크게 차별하지 않았어요. 딸도 부모의 제사를 모실 수 있었고, 아들과 똑같이 재산을 물려받을 수도 있었어요. 여성이 물려받은 재산은 결혼을 하더라도 여성의 것이었고, 마음대로 사고팔 수 있었어요.

고려 시대에는 대부분 신부 집에서 혼례를 치르고 계속 처가에서 살면서 자식을 낳아 길렀어요. 자식들은 어머니의 성씨를 따를 수도 있었지요.

고려의 여성은 이혼과 재혼도 자유롭게 할 수 있었어요. 이혼을 해도 여성은 자신의 재산을 지킬 수 있었고, 재혼을 하더라도 차별을 받지 않았어요. 또 재혼한 여성의 자녀에게도 차별을 두지 않았지요.

이렇게 고려의 여성들은 가정에서 차별받지 않으며 당당하게 살았어요.

918년
왕건이
고려를 세움.

936년
고려가
후삼국을 통일함.

1 고려 시대의 모습으로 맞는 것을 모두 고르세요.

　① 딸은 부모의 제사를 모실 수 없었어요.
　② 딸은 아들과 똑같이 재산을 물려받을 수 있었어요.
　③ 고려의 여성은 자신의 재산을 마음대로 사고팔 수 있었어요.
　④ 자식은 어머니의 성씨를 따를 수 없었어요.

2 글을 읽으면서 알맞은 말에 ○ 하세요.

　　　고려의 여성이 부모에게 물려받은 재산은 결혼을 하더라도

　　　(여성 / 남성)의 것이었어요.

3 고려 시대의 여성에 대한 설명으로 맞으면 ○, 틀리면 ✕ 하세요.

　(1) 결혼하면 반드시 신랑의 집에서 살아야 했다.　　　　　　　(　　　　)
　(2) 결혼을 해도 처가에서 살 수 있었다.　　　　　　　　　　　(　　　　)
　(3) 자식들은 어머니의 성씨를 따를 수 있었다.　　　　　　　　(　　　　)
　(4) 고려 시대의 여성은 이혼이나 재혼을 할 수 없었다.　　　　(　　　　)

4 고려 시대의 모습을 설명한 글을 따라 쓰세요.

　고려 시대에는 아들과 딸을 차별하지 않았어요.

불교의 나라, 고려

고려 시대에는 백성들 대부분이 불교를 믿었어요. 백성들의 생활과 생각도 불교의 영향을 많이 받았지요.

고려를 세운 태조 왕건도 '불교의 도움으로 고려를 세울 수 있었다.'라고 말하며 불교를 열심히 믿으라고 했어요. 그 뒤로 고려의 왕들은 왕건의 뜻을 받들어 나라 곳곳에 절을 짓고 불상을 만들었어요. 호족들도 자신의 힘을 보여 주기 위해 거대한 불상을 만들었지요.

고려 때 만들어진 불상에는 논산 관촉사 석조 미륵보살 입상, 부여 대조사 석조 미륵보살 입상, 파주 용미리 마애이불입상 등이 있어요. 이 불상들은 10미터가 넘는 거대한 모습으로 땅에 우뚝 서 있어요.

이렇게 커다란 불상을 만든 것은 백성들이 불상을 보며 고려 왕실에 대한 믿음과 존경심을 갖게 하기 위해서예요.

논산 관촉사 석조 미륵보살 입상

파주 용미리 마애이불입상

918년
왕건이
고려를 세움.

936년
고려가
후삼국을 통일함.

968년
관촉사
석조 미륵보살 입상을
만듦.

🌷 읽은 것 확인하기

1 글을 읽으면서 알맞은 말에 ○ 하세요.

> 고려 시대에는 백성들 대부분이 (불교 / 유교)를 믿었어요.

2 빈칸에 들어갈 말을 〈보기〉에서 찾아 쓰세요.

> 보기   호족   불상   절

● 고려의 왕들은 나라 곳곳에 _____ 을 짓고 _____ 을 만들었어요.

● _____ 들도 자신의 힘을 보여 주기 위해 거대한 불상을 만들었어요.

3 고려 때 만들어진 거대한 불상의 이름을 한 가지만 쓰세요.

4 고려 시대 때 커다란 불상을 만든 이유로 맞는 것을 모두 고르세요.

① 커다란 불상을 만들기 좋은 바위가 많았기 때문에
② 백성들이 고려 왕실에 대한 믿음과 존경심을 갖게 하기 위해서
③ 호족들이 자신의 힘을 보여 주기 위해서
④ 백성들이 거대한 부처가 나타나기를 기다려서

🚩 역사 용어

논산 관촉사 석조 미륵보살 입상 고려 시대 불상 가운데 가장 큰 불상으로, 높이가 18미터에 이름.

고려에서는 관리를 어떻게 뽑았을까요?

고려 광종[*] 때 시험을 치러 능력 있는 사람을 관리로 뽑는 과거 제도를 처음 실시했어요. 광종은 과거로 새로운 관리를 많이 뽑았는데, 이 관리들은 왕을 위협하던 힘센 호족을 누르고 광종이 새로운 정치를 하는 데 큰 힘이 되었어요.

과거를 보려면 유학[*]을 공부해야 했어요. 나라에서는 유학을 가르치기 위해 개경에 국립 교육 기관인 '국자감'을 세우고, 지방에는 '향교[*]'를 세웠어요. 이곳에서 학생들은 《논어》, 《맹자》 같은 유교 경전을 공부하고, 공부를 마치면 과거를 보았어요.

고려에서는 집안이 좋지 않더라도 능력이 뛰어나면 과거를 통해 관리가 될 수 있었어요. 하지만 왕족과 높은 벼슬을 하는 집안의 자손들은 시험을 치르지 않고도 관리가 될 수 있는 음서 제도가 있었어요.

949년	958년	992년
광종이 왕위에 오름.	과거 제도를 실시함.	국자감을 세움.

읽은 것 확인하기

1 빈칸에 들어갈 말을 〈보기〉에서 찾아 쓰세요.

> 보기　　성종　　광종　　과거　　향교

- _____는 시험을 치러 능력 있는 사람을 관리로 뽑는 제도예요.

- _____ 때 처음 과거 제도를 실시했어요.

2 글을 읽으면서 알맞은 말에 ○ 하세요.

> 고려 시대에 과거를 보려면 (수학 / 유학)을 공부해야 했어요.

3 고려 시대 때 유학을 가르치기 위해 세운 교육 기관의 이름을 쓰세요.

> 개경에는 국립 교육 기관인 _____을,
>
> 지방에는 _____를 세웠어요.

4 고려 시대 과거 제도에 대한 설명으로 맞는 것을 모두 고르세요.

① 광종은 과거로 새로운 관리를 뽑아 힘센 호족을 눌렀어요.
② 집안이 좋아야 과거를 볼 수 있었어요.
③ 학생들은 유교 경전을 공부하고 과거를 보았어요.
④ 집안이 좋지 않더라도 과거에 붙으면 관리가 될 수 있었어요.

역사 용어

광종 고려 제4대 왕으로, 억울하게 노비가 된 사람을 해방시킨 노비안검법과 과거 제도를 실시함.
유학 공자의 가르침을 바탕으로 한 학문.
향교 고려 시대에 지방에서 유학을 가르치기 위해 세운 교육 기관.

고려의 국제 무역항, 벽란도

예성강 하구에는 고려의 국제 무역항인 벽란도가 있었어요. 벽란도는 고려의 도읍인 개경에 가깝고, 물이 깊어 큰 무역선들이 드나들기 쉬웠어요. 이렇다 보니 벽란도에는 송나라*, 거란, 여진*, 일본에서 온 배와 상인들로 붐볐어요. 그중 고려는 송나라와 가장 활발하게 무역했어요.

송나라 상인들은 고려에서 인삼, 종이, 먹, 나전 칠기, 화문석 등을 사 갔어요. 고려 인삼이 가장 인기가 있었고, 종이와 먹은 최고로 인정받았어요. 고려는 송나라에서 비단, 약재, 차, 서적, 자기 등을 사들였어요.

고려와 송나라의 무역이 활발해지면서 저 멀리 아라비아 상인들도 송나라 상인과 함께 벽란도에 왔어요. 아라비아 상인들은 수은, 향료, 산호 등을 가져왔고, 고려에서 금, 은, 비단 등을 가져갔어요.

이때 벽란도를 다녀간 아라비아 상인들이 고려를 '코리아'라는 이름으로 외국에 알렸어요.

960년	1020년경	1024년
송나라가 세워지고 교류를 시작함.	일본과 교류를 시작함.	아라비아 상인이 고려에 찾아옴.

1 예성강 하구에 있었던 고려 시대 국제 무역항의 이름을 쓰세요.

2 글을 읽으면서 알맞은 말에 ○ 하세요.

· 고려는 (거란 / 송나라)과/와 가장 활발하게 무역했어요.

· (아라비아 / 코리아) 상인들은 송나라 상인과 함께 벽란도에 왔어요.

3 송나라 상인들이 고려에서 사 간 물건을 모두 찾아 ○ 하세요.

인삼　　비단　　종이　　먹　　자기　　나전 칠기　　서적

4 아라비아 상인들이 외국에 알린 고려의 이름을 쓰세요.

역사 용어

송나라 당나라가 멸망한 뒤 중국을 통일한 나라로, 고려와 외교 관계를 맺음.

여진 금나라를 세우고, 거란이 세운 요나라를 멸망시킨 민족.

고려의 다양한 금속 화폐

고려는 외국과 무역이 활발해지고, 물건을 사고파는 상업이 발전하면서 화폐가 필요해졌어요.

성종 때 철로 '건원중보'라는 화폐를 처음 만들었어요. 동그랗고 가운데에 네모난 구멍이 나 있었지요. 동그란 모양은 하늘을, 네모난 구멍은 땅을 뜻해요.

숙종 때는 화폐를 만드는 관청인 '주전도감*'을 세우고 해동통보를 만들었어요. 그 뒤에 삼한중보, 동국통보 등 다양한 금속 화폐를 만들었지요.

나라에서는 백성들에게 물건을 사고팔 때 금속 화폐를 사용하도록 권했어요. 하지만 백성들은 금속 화폐를 많이 사용하지 않았어요. 그 대신 쌀과 옷감 등을 주고받았지요.

한편 다른 나라와 무역을 할 때에는 주로 은을 사용했어요. 은 한 근으로 만든 4센티미터 정도 높이의 '은병'을 많이 사용했어요.

건원중보

해동통보

996년	1101년	1102년
건원중보를 만듦.	주전도감을 세움.	해동통보를 만듦.

읽은 것 확인하기

1 고려에서 화폐를 만들게 된 이유로 맞는 것을 모두 고르세요.

① 외국과의 무역이 활발해졌기 때문에

② 논농사와 밭농사가 발전했기 때문에

③ 물건을 사고파는 상업이 발전했기 때문에

2 빈칸에 들어갈 말을 〈보기〉에서 찾아 쓰세요.

보기   주전도감   건원중보   해동통보

• 성종 때 [   ]라는 금속 화폐를 처음 만들었어요.

• 숙종 때 화폐를 만드는 관청인 [   ]을 세웠어요.

3 고려에서 다른 나라와 무역할 때 사용한 것으로, 은으로 만든 화폐의 이름을 쓰세요.

4 고려 시대 화폐에 대한 설명으로 맞으면 ○, 틀리면 × 하세요.

(1) 금속 화폐를 만들지 않았다. ( )

(2) 나라에서 백성들에게 금속 화폐를 사용하도록 권했다. ( )

(3) 일반 백성들은 화폐 대신 쌀과 옷감 등을 주고받았다. ( )

(4) 나라 안에서는 은병을 더 많이 사용했다. ( )

역사 용어

주전도감 화폐를 만들기 위해 숙종 때 세운 관청.

해동통보 숙종 때 화폐 사용을 권장하기 위해 관리들에게 나누어 주고 사용하게 한 금속 화폐.

연등회와 팔관회

고려에는 큰 불교 행사가 있었어요. 바로 연등회와 팔관회예요.

봄에 열리는 연등회는 등불을 밝히며 부처의 가르침이 널리 퍼지기를 바라는 행사예요. 집과 절마다 연꽃 모양의 등불을 밝혔지요. 연등회가 다가오면 아이들은 '호기'라는 풍속을 즐겼어요. 종이를 꽂은 깃발을 들고 집집마다 다니며 쌀이나 베를 달라고 외쳐 등불 켤 돈을 마련하는 것이에요.

가을에 열리는 팔관회는 태조 왕건, 큰 산, 큰 강, 바다의 용 등 예로부터 믿어 왔던 여러 신에게 제사를 지내며, 나라의 평안을 비는 불교 행사예요. 행사 규모가 연등회보다 훨씬 컸지요. 팔관회가 열리면 개경* 거리에는 행렬이 지나갔고, 전국에서 올라온 사람들이 춤과 노래, 놀이를 즐겼어요. 팔관회 때는 송나라와 여진의 상인뿐 아니라 멀리 아라비아의 상인까지 와서 왕실에 축하 선물을 바쳤어요.

연등회와 팔관회는 부처를 믿는 왕과 신하, 백성이 모두 즐기며 하나가 되는 고려의 중요한 불교 행사였어요.

지금도 행해지고 있는 연등회의 모습

987년	1010년	1034년
팔관회가 폐지됨.	팔관회가 다시 열림.	팔관회에 여러 나라 상인이 참여함.

🌷 읽은 것 확인하기

1 　고려의 중요한 불교 행사 두 가지의 이름을 쓰세요.

와

2 　고려 시대 연등회의 모습에 맞게 빈칸에 알맞은 말을 쓰세요.

집과 절마다 연꽃 모양의 　　　　　　　　을 밝혔어요.

3 　고려 시대 팔관회에 대한 설명으로 맞으면 ○, 틀리면 × 하세요.

(1) 태조 왕건을 비롯해 바다의 용 등 여러 신에게 제사를 지냈다.　　(　　)

(2) 연꽃 모양의 등불을 곳곳에 매달았다.　　(　　)

(3) 송나라와 여진, 아라비아 상인까지 축하하러 왔다.　　(　　)

(4) 개경의 아이들은 종이를 꽂은 깃발을 들고 다녔다.　　(　　)

4 　고려 시대 연등회와 팔관회의 역할로 알맞은 것에 ○ 하세요.

> 왕과 귀족만 즐겨
> 백성들의 불만을 키웠어요.

> 왕과 신하, 백성의 마음을
> 모두 하나 되게 했어요.

🏷 역사 용어

개경 지금의 개성으로, 송악이라고도 불린 고려의 도읍.

고려를 대표하는 고려청자

　고려청자는 고려를 대표하는 예술품이에요. 은은하고 신비한 푸른빛이 감도는 것이 특징이지요. 그런데 푸른빛을 내기 위해서는 기술이 필요했어요. 우리 조상들은 우리만의 토기 기술에 송나라의 기술을 받아들여 크게 발전시켰어요.

　고려청자는 만들기가 어려워 가치가 매우 높았어요. 고려의 귀족들은 청자로 만든 찻잔, 접시, 술병, 연적, 베개 등 생활용품뿐만 아니라 청자로 만든 기와를 지붕에 올리기도 했어요.

　고려청자 중에는 상감 기법으로 무늬를 새긴 상감 청자가 유명해요. 상감 기법은 청자의 표면에 그림을 그려서 파낸 자리에 다른 색의 흙을 메우고 유약을 발라 굽는 거예요.

　다른 나라에서는 찾아볼 수 없는 상감 기법으로 고려청자는 더욱 다채로운 멋을 내게 되었어요.

청자 상감운학 무늬 매병

800~1000년경	1000년경	1100년경
고려청자를 만들기 시작함.	고려청자의 종류가 다양해짐.	상감 기법을 사용하기 시작함.

1 은은하고 신비한 푸른빛이 감도는 것이 특징인 고려의 대표 예술품은 무엇인지 쓰세요.

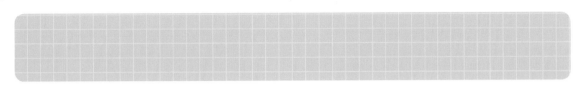

2 고려청자에 대한 설명으로 옳지 <u>않은</u> 것을 모두 고르세요.

① 주로 귀족들이 사용했어요.
② 매우 비싸 향로로만 사용했어요.
③ 만들기가 쉬워 누구나 만들 수 있었어요.
④ 우리만의 토기 기술에 송나라의 기술을 받아들였어요.

3 다른 나라에서는 찾아볼 수 없는 고려청자만의 기법은 무엇인지 쓰세요.

 기법

4 상감 기법에 대한 설명으로 알맞은 것에 ○ 하세요.

> 상감 기법으로 고려청자는
> 다채로운 멋을 내게 되었어요.

> 상감 기법으로 중국 청자와
> 더욱 비슷해졌어요.

역사 용어

연적 벼루에 먹을 갈 때 필요한 물을 담아 두는 그릇.
유약 도자기를 굽기 전에 표면에 바르는 액체.

거란을 물리친 서희의 담판

거란의 장수인 소손녕이 옛 고구려 땅을 내놓으라며 고려에 쳐들어왔어요. 겁을 먹은 고려의 신하들은 땅을 떼어 주고 항복하자고 했지만 서희가 말리며 직접 소손녕을 찾아갔어요.

서희를 본 소손녕이 거만하게 말했어요.

"고려는 신라의 땅에 세웠으니, 옛 고구려 땅은 우리 거란의 것이오!"

"그렇지 않소. 고려는 고구려의 후손으로, 나라 이름도 고려라 하였소. 오히려 우리가 거란이 차지한 고구려 땅을 돌려받아야 하오."

서희가 당당하게 대답했어요.

"그러면 왜 고려는 가까이 있는 우리를 제치고 송나라와 교류하는 것이오?"

"지금 거란으로 가는 길에 여진이 있기 때문이오. 여진을 몰아낸다면 거란과 교류하겠소."

서희의 말을 전해 들은 거란의 왕은 소손녕에게 고려와 화해하고 돌아오라고 했어요. 그리고 거란으로 가는 길목에 있는 압록강 주변의 땅을 고려에 돌려주겠다고 했어요.

고려는 송나라와 관계를 끊고 거란과 교류할 것을 약속했지요.

993년	1010년	1018년	1019년
거란의 1차 침입과 서희의 담판	거란의 2차 침입	거란의 3차 침입	귀주 대첩

 읽은 것 확인하기

1. 거란의 장수 소손녕을 찾아간 고려의 신하는 누구인지 쓰세요.

2. 소손녕의 말을 읽고, 알맞은 서희의 대답을 찾아 줄로 이으세요.

옛 고구려 땅은 우리 거란의 것이오.	•	•	거란으로 가는 길에 여진이 있기 때문이오.
왜 고려는 거란을 제치고 송나라와 교류하는 것이오?	•	•	고려는 고구려 후손으로, 우리가 고구려 땅을 돌려받아야 하오.

3. 빈칸에 들어갈 나라 이름을 〈보기〉에서 찾아 쓰세요.

보기

거란
송나라

• 고려는 　　　　　　　와(과) 관계를 끊고,

　　　　　　　과(와) 교류할 것을 약속했어요.

4. 서희의 담판 덕분에 일어난 일을 모두 고르세요.

① 전쟁을 하지 않고 거란의 장수 소손녕이 거란으로 돌아갔어요.
② 거란이 원하는 옛 고구려 땅을 내주었어요.
③ 거란이 압록강 주변의 땅을 고려에 돌려주겠다고 했어요.
④ 고려가 거란에 무조건 항복했어요.

역사 용어

거란 만주와 중국 북쪽을 지배하던 민족으로, 916년 야율아보기가 거란족을 통합하여 '요'를 세움.
서희 고려 성종 때의 외교관이자 문신으로, 소손녕과 담판을 벌여 거란을 물러나게 함.

강감찬과 귀주 대첩

1018년, 거란의 장수 소배압이 10만 명의 거란군을 이끌고 고려를 쳐들어왔어요. 벌써 세 번째였지요. 고려의 강감찬 장군은 매일 군사들을 훈련시키며 거란이 쳐들어올 때를 대비하고 있었어요.

강감찬은 흥화진으로 가 쇠가죽으로 근처 강물을 막아 두었어요. 거란군이 흥화진에 도착하자 강감찬은 막아 두었던 강물을 흘려보내 거란군을 물리쳤어요.

그런데 거란의 장수 소배압은 돌아가지 않고, 남은 군사들을 이끌고 고려 왕이 있는 개경으로 향했어요. 강감찬은 거란군을 뒤쫓으며 계속 공격했지요.

마침내 거란군이 개경 근처에 도착했어요. 하지만 거란군은 강감찬의 계속된 공격에 지쳐서 싸울 힘이 없었어요. 더구나 먹을 식량도 떨어졌지요. 결국 소배압은 거란군을 이끌고 후퇴했어요.

강감찬은 후퇴하는 거란군을 뒤쫓으며 공격했어요. 그리고 압록강 근처 귀주 벌판에서 거란군을 크게 무찔렀어요. 이것을 '귀주 대첩'이라고 해요.

강감찬 장군 동상

993년	1010년	1018년	1019년
거란의 1차 침입과 서희의 담판	거란의 2차 침입	거란의 3차 침입	귀주 대첩

1 강감찬은 거란이 쳐들어올 때를 대비해 무엇을 했는지 쓰세요.

2 빈칸에 들어갈 장소를 〈보기〉에서 찾아 번호를 쓰세요.

> 보기　① 개경　② 흥화진　③ 귀주

• 강감찬은 (　　　　　　)에서 막아 두었던 강물을 흘려보내 거란군을 물리쳤어요.
• 흥화진에서 패한 소배압은 남은 군사를 이끌고 (　　　　　)으로 향했어요.

3 개경까지 온 거란군이 후퇴한 이유로 맞는 것을 모두 고르세요.

① 강감찬의 계속된 공격으로 지쳐서 싸울 힘이 없었어요.
② 여진족이 고려를 도와주려고 왔어요.
③ 군사들이 모두 도망가 버렸어요.
④ 군사들이 먹을 식량이 떨어졌어요.

4 강감찬이 귀주 벌판에서 거란군을 크게 무찌른 싸움을 무엇이라고 하는지 쓰세요.

역사용어

흥화진 평안북도 의주 지역에 쌓은 산성.

왕자에서 승려가 된 대각 국사 의천

고려 문종이 11명의 아들을 모아 놓고 물었어요.

"누가 승려가 되어 부처를 섬기고 나라를 이롭게 하겠느냐?"

그러자 넷째 왕자인 후가 나섰어요. 이때 후의 나이는 열한 살이 었어요.

"제가 승려가 되겠습니다."

후는 승려가 되기 위해 개경에 있는 영통사에서 공부를 시작했어 요. 그리고 '의천'이라는 법명*을 얻었지요. 의천은 열심히 불교를 공 부하여 열세 살에는 승려를 다스리는 관직인 승통에 올랐어요.

'불교를 발전시키려면 송나라의 불교를 배우는 것이 좋겠어.'

의천은 송나라에 가서 불교를 공부하고 돌아왔어요. 당시 고려 불교 는 교종*과 선종*으로 갈라져 서로 다투고 있었는데, 의천이 이 둘을 하 나로 합쳐 천태종*을 만들었어요. 그 뒤 고려 불교는 크게 발전했지요.

의천은 큰 깨달음을 얻은 나라의 스승이라는 뜻으로, '대각 국사'라 고 불리게 되었어요.

대각 국사 의천

1046년
문종이
왕위에 오름.

1067년
의천이
승통의 자리에
오름.

1097년
의천이
천태종을 만듦.

🌷 읽은 것 확인하기

1 누구에 대한 설명인지 빈칸에 알맞은 이름을 쓰세요.

문종의 넷째 왕자인 후가 승려가 되어 [   ]이라는 법명을 얻었어요.

2 글을 읽으면서 알맞은 말에 ○ 하세요.

의천은 열세 살에 승려를 다스리는 (국사 / 승통)의 자리에 올랐어요.

3 의천이 한 일로 맞는 것을 모두 고르세요.

① 송나라에 가서 불교를 배웠어요.
② 교종과 선종을 합쳐 천태종을 만들었어요.
③ 열세 살에 나라를 위해 전쟁터에 나갔어요.
④ 임금이 되어 나라를 다스렸어요.

4 큰 깨달음을 얻은 나라의 스승이라는 뜻으로, 의천을 무엇이라고 불렀는지 쓰세요.

[   ] [   ] 의천

🚩 역사 용어

법명 승려가 되는 사람에게 지어 주는 이름.
교종·선종 불교의 종파로, 교종은 교리를 중요하게 생각하고, 선종은 수행을 하여 깨달음을 얻는 것을 중요하게 생각함.
천태종 불교의 한 종파로, 의천이 만들었음.

난을 일으킨 무신들

고려는 글공부를 해 관리가 된 문신들이 나랏일을 독차지했어요. 문신들은 무신들을 무시하고 얕잡아 보았지요.

의종 때 일이었어요. 어느 날, 잔치를 벌이던 의종이 무신들에게 맨손으로 무예를 겨루는 수박희*를 하라고 명령했어요. 그런데 나이 많은 대장군이 젊은 무신에게 지고 말았어요. 그러자 구경하던 젊은 문신 한뢰가 갑자기 튀어나와 대장군의 뺨을 때렸어요.

"대장군이 젊은 무신 하나 이기지 못하다니, 한심하구나."

젊은 문신 한뢰의 무례한 행동에 무신들은 모두 분노했어요. 결국 그날 밤 무신 정중부와 이의방, 이고 등이 군사들을 이끌고 문신들을 닥치는 대로 죽였어요. 무신들은 의종을 거제도로 내쫓고 새로운 왕을 내세웠어요. 이것을 무신 정변*이라고 해요.

이렇게 해서 고려는 하루아침에 무신들의 세상이 되었어요. 무신 정변에 성공한 정중부와 이의방, 이고 등은 군사 일을 의논하던 중방*에서 마음대로 나랏일을 처리했어요. 그 뒤 무신들은 약 100년 동안 고려를 다스렸어요.

1146년	1170년	1196년
의종이 왕위에 오름.	무신 정변	최충헌이 권력을 잡음.

읽은 것 확인하기

1 고려 의종 때까지 문신과 무신에 대한 설명으로 맞는 것을 고르세요.

① 문신과 무신이 사이좋게 어울렸어요.

② 문신이 무신을 무시하고 얕잡아 보았어요.

③ 무신들이 글공부하는 문신들을 무시하고 얕잡아 보았어요.

2 무신 정변을 일으킨 사람을 모두 찾아 ○ 하세요.

정중부	한뢰	이의방	이고

3 무신 정변이 일어난 과정을 차례에 맞게 번호를 쓰세요.

문신 한뢰가 수박희에서 진 대장군의 뺨을 때렸다.	의종이 무신들에게 수박희를 하라고 명령했다.	무신들이 의종을 거제도로 내쫓고 새로운 왕을 내세웠다.	무신들이 문신들을 닥치는 대로 죽였다.
◯	◯	◯	◯

4 빈칸에 알맞은 고려 시대 기관의 이름을 쓰세요.

무신들이 [　　　　　　]에서 마음대로 나랏일을 처리했어요.

역사 용어

수박희 두 사람이 일정한 거리를 두고 마주 서서 힘과 기술을 겨루는 놀이.

정중부 무신의 난을 일으키고 고려의 최고 권력자가 됨.

무신 정변 1170년에 무신들이 정변을 일으켜 권력을 차지하게 된 사건.

중방 무신들이 군사 일을 의논하던 곳으로, 무신이 권력을 잡은 뒤에는 정치의 중심 기관이 됨.

노비의 난을 일으킨 만적

만적은 무신 최충헌*의 집에서 일하는 노비였어요. 고려의 노비들은 물건처럼 주인이 마음대로 사고팔 수 있는 천한 신분이었어요. 하지만 무신 정변 이후에는 신분이 낮아도 높은 관직에 오르는 사람이 생겼어요.

"다 같은 사람으로 태어났으니 누구나 높은 벼슬을 할 수 있소. 이렇게 평생 노비로 힘들게 살 수는 없소!"

만적은 노비들을 모아 난을 일으키기로 했어요. 이들은 약속한 날에 각자의 주인을 없애고 노비 문서를 불태우기로 했지요.

그런데 겁이 난 노비 한 명이 이 일을 주인에게 말해 들통이 났어요. 결국 만적과 노비들은 모두 붙잡혀 줄에 묶인 채 강에 던져졌지요.

만적의 난은 비록 실패로 끝났지만, 신분을 벗어나려 한 그의 행동은 무신들에게 큰 충격을 주었어요. 그 뒤로도 신분을 벗어나기 위한 노비와 농민들의 난이 계속 일어났어요.

1170년
무신 정변

1196년
최충헌이
권력을 잡음.

1198년
만적의 난

1 무신 최충헌의 노비로 난을 일으킨 사람의 이름을 쓰세요.

2 고려 시대 노비에 대한 설명으로 맞는 것을 고르세요.

① 가장 높은 신분으로 화려하게 생활했어요.
② 주인이 물건처럼 사고팔 수 있는 천한 신분이었어요.
③ 농사를 짓거나 장사를 했어요.

3 만적의 난이 일어난 과정을 차례에 맞게 번호를 쓰세요.

만적이 노비들을 모아 난을 일으키기로 했다.	만적과 노비들이 줄에 묶인 채 모두 강에 던져졌다.	계획이 들통이 나 만적과 노비들이 모두 붙잡혔다.	겁이 난 노비가 주인에게 만적의 계획을 말했다.
◯	◯	◯	◯

4 빈칸에 들어갈 말을 아래에서 찾아 따라 쓰세요.

_____을 벗어나려는 만적의 난은 무신들에게 큰 충격을 주었어요.

궁	궐

무	신

신	분

🚩 역사 용어

최충헌 이의민을 죽이고 최고 권력자가 되었으며, 그 뒤 60년간 최씨 무신 정권이 이어짐.

30여 년간 계속된 몽골의 침략

1231년, 몽골이 고려를 쳐들어왔어요. 몽골은 칭기즈 칸*이 몽골 족을 통일하여 세운 강한 나라였어요. 몽골군은 단숨에 남쪽으로 내려와 고려의 도읍인 개경 주위를 에워쌌어요.

깜짝 놀란 고려는 몽골에 화해를 청했어요. 그러자 몽골은 해마다 엄청난 선물을 바치라고 했어요. 고려가 몽골이 요구한 것을 모두 들어주겠다고 하자 몽골군은 고려에서 물러났어요.

이듬해, 고려는 몽골군이 또다시 쳐들어올 것을 대비해 도읍을 강화도로 옮기고 몽골과 싸울 준비를 했어요.

1232년, 몽골이 두 번째로 쳐들어왔어요. 고려군과 백성들은 곳곳에서 몽골군과 맞서 싸웠어요. 용인의 처인성 전투에서는 김윤후*가 몽골의 장수 살리타를 화살로 쏘아 죽였어요. 그 뒤로도 몽골은 여러 차례 고려를 쳐들어왔어요. 그동안 백성들은 큰 고통을 겪었지요.

몽골이 여섯 번째로 쳐들어오자 고려는 몽골의 요구대로 강화도에서 개경으로 도읍을 옮기겠다고 약속하고 1259년, 30여 년에 걸친 길고 긴 전쟁을 끝냈어요.

1231년	1232년	1251년	1270년
몽골의 1차 침입	강화도로 도읍을 옮김.	대장경판을 완성함.	개경으로 다시 도읍을 옮김.

🏺 읽은 것 확인하기

1 몽골이 어떤 나라인지 글을 읽으면서 알맞은 말에 ○ 하세요.

> 몽골은 칭기즈 칸이 (여진족 / 몽골족)을 통일하여 세운 나라예요.

2 몽골이 처음 쳐들어온 때와 몽골과 싸움이 끝난 때를 쓰세요.

(1) 처음 쳐들어온 때: _____ 년

(2) 전쟁이 끝난 때: _____ 년

3 빈칸에 들어갈 말을 〈보기〉에서 찾아 번호를 쓰세요.

> 보기 ① 남한산성　　② 살리타　　③ 김윤후　　④ 처인성

- (　　　　) 전투에서 (　　　　)가 몽골의 장수 (　　　　)를 화살로 쏘아 죽였어요.

4 고려가 몽골과 전쟁을 끝내기 위해 약속한 것을 쓰세요.

> 고려는 도읍을 [　　　　　] 에서 [　　　　　] 으로 옮기기로 약속했어요.

역사 용어

칭기즈 칸 몽골 제국의 제1대 왕으로, 동서양에 걸친 대제국을 건설함.

김윤후 고려 시대의 승려로, 몽골 침입 때 처인성과 충주성에서 몽골군을 물리침.

강화도로 도읍을 옮긴 고려

몽골이 처음 고려를 쳐들어왔다가 물러갔을 때였어요.

고려의 최고 권력자 최우*가 몽골군과 끝까지 싸우기로 결심하고 도읍을 개경에서 강화도로 옮기자고 했어요.

"몽골족은 초원에서 살아서 물에서는 잘 싸우지 못한다고 하오. 그러니 바다로 둘러싸인 강화도까지는 쳐들어오지 못할 것이오. 또 강화도는 세금을 거두는 데도 문제가 없소."

백성들을 생각하여 반대하는 신하들도 많았지만 최우의 말을 꺾을 수는 없었어요. 결국 왕과 관리들, 대부분의 군사들이 강화도로 옮겨 갔어요.

강화도에는 궁궐과 관청이 세워지고 관리들이 살 집과 시장이 생겨났어요. 땅을 넓히기 위해 바다를 흙으로 메우기도 했지요. 강화도는 30여 년간 고려의 도읍이 되었어요.

하지만 강화도를 뺀 나머지 지역에 사는 백성들은 몽골군에게 잔인하게 짓밟혔어요. 몽골군은 여섯 차례나 고려를 쳐들어와 고려 백성들을 죽이고, 포로로 끌고 갔어요. 그리고 초조대장경, 황룡사 구층 목탑을 비롯해 수많은 문화재가 불에 타 사라지고 말았어요.

강화 고려 궁지

1231년
몽골의
1차 침입

1232년
강화도로
도읍을 옮김.

1251년
대장경판을
완성함.

1270년
개경으로
다시 도읍을
옮김.

읽은 것 확인하기

1 최우가 몽골군과 싸우기로 결심하고 무엇을 하자고 했는지 쓰세요.

최우는 도읍을 [   ] 에서 [   ] 로 옮기자고 했어요.

2 최우가 강화도로 도읍을 옮기자고 한 이유로 맞는 것을 모두 고르세요.

① 바다로 둘러싸여 몽골족이 쳐들어오지 못할 것이기 때문에
② 백성들이 많이 살고 있어 몽골족을 막기 쉽기 때문에
③ 일본과 가까워 언제든지 도움을 요청할 수 있기 때문에
④ 세금을 거두는 데에도 문제가 없기 때문에

3 강화도가 도읍이 된 후의 모습으로 맞으면 ○, 틀리면 ✕ 하세요.

(1) 궁궐과 관청이 들어섰다. ( )
(2) 몽골군이 살 집들이 지어졌다. ( )
(3) 흙으로 바다를 메워 땅이 넓어졌다. ( )
(4) 수많은 절과 탑이 세워졌다. ( )

4 빈칸에 들어갈 말을 〈보기〉에서 찾아 쓰세요.

보기
문화재
포로

• 몽골군은 고려 백성들을 죽이고, [   ] 로 끌고

갔어요. 그리고 수많은 [   ] 를 불태웠어요.

역사 용어

최우 아버지인 최충헌의 뒤를 이어 최고 권력자가 됨.

전쟁 중에 만들어진 해인사 대장경판

고려는 몽골이 계속 쳐들어오자 부처의 힘으로 나라를 구하고자 부처의 가르침을 모은 대장경을 만들었어요.

고려에서 대장경을 처음 만든 것은 거란이 쳐들어왔을 때였어요. 이 대장경을 처음 만들었다 하여 '초조대장경*'이라고 했어요. 그런데 몽골이 두 번째로 쳐들어왔을 때 초조대장경이 모두 불에 타 버렸어요.

고려 사람들은 대장경을 다시 만드는 데 온 정성을 기울였어요. 목판에 글자를 새기고, 경판이 완성되면 경판이 썩거나 벌레가 먹지 않도록 옻칠을 하고 구리로 테를 둘렀어요. 드디어 16년 만에 8만 장이 넘는 대장경이 완성되었어요. 경판이 8만 장이 넘어 '팔만대장경'이라고도 해요. 대장경판은 글자 모양이 고르고, 빠진 글자나 잘못된 글자가 거의 없을 정도로 뛰어나요.

대장경판은 현재 경상남도 합천군에 있는 해인사*에 보관되어 있으며, 유네스코 세계 기록 유산으로 등재되었어요.

대장경판이 보관되어 있는
해인사 장경판전

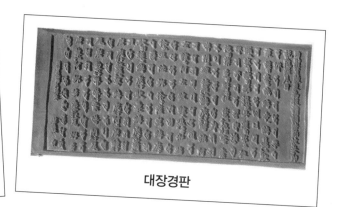

대장경판

1231년	1232년	1236년	1251년
몽골의 1차 침입	몽골의 2차 침입	대장경판을 만들기 시작함.	대장경판을 완성함.

1 고려에서 왜 대장경을 만들었는지 빈칸에 알맞은 말을 쓰세요.

_____의 힘으로 _____를 구하고자 대장경을 만들었어요.

2 몽골이 두 번째로 쳐들어왔을 때 불에 타 버린 대장경의 이름을 쓰세요.

3 대장경판에 대한 설명으로 맞으면 ○, 틀리면 × 하세요.

(1) 글자 모양이 고르고 빠진 글자나 잘못된 글자가 거의 없다.   (   )

(2) 경판이 잘 썩고 벌레가 먹어 보관하기 어려웠다.   (   )

(3) 초조대장경과 함께 몽골의 침입으로 불에 타 버렸다.   (   )

(4) 경상남도 합천군에 있는 해인사에 보관되어 있다.   (   )

4 고려 때 만든 팔만대장경은 현재 어디에 보관되어 있는지 쓰세요.

경상남도 합천군에 있는 [   ] 에 보관되어 있어요.

🚩 **역사 용어**

초조대장경 고려 현종 때 거란의 침입을 물리치기 위해 만든 우리나라 최초의 대장경.
해인사 경상남도 합천군에 있는 통일 신라 시대 때 세워진 절.

금속 활자와 《직지심체요절》

고려는 인쇄술이 뛰어났어요. 처음에는 목판에 글자를 새겨 책을 펴냈어요. 하지만 목판은 잘 썩거나 휘어져 오래 보관하기 어려웠어요. 또 한 종류의 책밖에는 찍을 수 없었고, 목판에 글자를 새기는 데 시간과 돈이 너무 많이 들었어요.

이런 문제점을 해결한 방법이 바로 활판이에요. 활판은 글자 하나하나를 미리 금속 활자로 만들어 놓았다가 책을 만들 때 필요한 금속 활자만 뽑아 판을 짜고 책을 찍어 내는 것이지요. 금속 활자는 오래 보관할 수 있고, 여러 종류의 책을 인쇄할 수 있어요.

오늘날까지 남아 있는 고려의 《직지심체요절》은 세계에서 가장 오래된 금속 활자로 찍어 낸 책이에요. 독일의 구텐베르크가 금속 활자로 찍어 낸 성경보다 70여 년 앞선 것이지요. 《직지심체요절》은 유네스코 세계 기록 유산으로 등재되었으며, 현재 프랑스 국립 도서관에 보관되어 있어요.

《직지심체요절》

금속 활자

1234년	1251년	1377년
금속 활자로 《상정고금예문》을 인쇄함.	대장경판을 완성함.	금속 활자로 《직지심체요절》을 인쇄함.

1 설명에 맞는 인쇄 방법을 찾아 줄로 이으세요.

| 목판에 글자를 새겨 찍어 냄. | • | | • | 활판 |

| 금속 활자로 판을 짜고 찍어 냄. | • | | • | 목판 |

2 금속 활자의 좋은 점 두 가지를 쓰세요.

(1)

(2)

3 세계에서 가장 오래된 금속 활자로 찍어 낸 책의 이름을 쓰세요.

4 《직지심체요절》에 대한 설명으로 맞는 것을 모두 고르세요.

① 유네스코 세계 기록 유산으로 등재되어 있어요.
② 금속 활자로 찍어 낸 책이에요.
③ 현재 우리나라 국립 중앙 박물관에 보관되어 있어요.
④ 독일의 구텐베르크가 금속 활자로 찍어 낸 성경보다 70여 년 앞선 것이에요.

역사 용어

활자 네모 모양의 금속 기둥 윗면에 문자나 기호를 볼록 튀어나오게 새긴 것.
구텐베르크 금속 활판 인쇄술을 발명한 독일 사람으로, 1455년 무렵 금속 활자로 성경을 인쇄했음.

삼별초의 항쟁

고려와 몽골의 전쟁은 고려가 도읍을 개경으로 옮기기로 하고 끝이 났어요. 하지만 고려의 도읍은 여전히 강화도였지요. 권력을 가진 무신들이 개경으로 돌아가는 것을 반대했기 때문이에요.

고려는 무신 정권*이 끝난 뒤에야 도읍을 개경으로 옮길 수 있었어요. 그런데 배중손*이 이끄는 삼별초*가 강화도에서 몽골군과 끝까지 싸우겠다며 군사를 모았어요.

삼별초는 자신들과 뜻을 같이하는 사람들을 이끌고 진도로 갔어요. 진도에 도착한 삼별초는 성을 쌓고 몽골과 싸울 준비를 했어요. 삼별초는 고려와 몽골 연합군의 몇 차례 공격을 물리쳤지만 결국 배중손이 목숨을 잃었어요.

삼별초는 남은 사람들을 이끌고 제주도로 갔어요. 제주도에서 몽골군과 싸우던 삼별초는 힘을 잃었어요.

"삼별초는 왕의 명령을 어겼으니 죄를 받으라!"

고려와 몽골 연합군의 공격에 삼별초는 모두 목숨을 잃었어요. 하지만 몽골에 항복하지 않겠다는 그들의 굳은 뜻은 길이 남았지요.

삼별초의 뜻을 기리며 세운 기념비

1259년	1270년	1273년
원종이 왕위에 오름.	삼별초가 항쟁을 시작함.	제주도에서 삼별초가 진압됨.

읽은 것 확인하기

1. 고려와 몽골의 전쟁이 끝난 뒤 일어난 일에 맞게 빈칸에 들어갈 말을 〈보기〉에서 찾아 쓰세요.

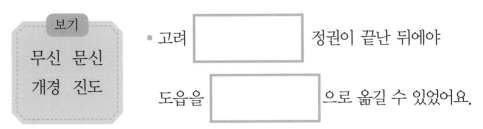

보기

무신　문신
개경　진도

• 고려 [　　　　　] 정권이 끝난 뒤에야

도읍을 [　　　　　]으로 옮길 수 있었어요.

2. 삼별초가 군사를 모은 이유가 무엇인지 빈칸에 알맞은 말을 쓰세요.

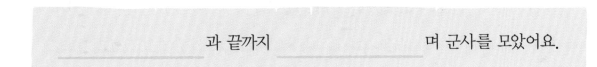

_____과 끝까지 _____며 군사를 모았어요.

3. 삼별초가 있던 지역을 차례대로 번호를 쓰세요.

진도　　　　강화도　　　　제주도

4. 삼별초에 대한 설명으로 맞으면 ○, 틀리면 × 하세요.

(1) 배중손을 중심으로 뜻을 같이하는 사람들이 모였다. (　　　　)
(2) 고려와 몽골 연합군의 공격을 끝까지 막아 냈다. (　　　　)
(3) 결국 진도에서 모두 목숨을 잃었다. (　　　　)
(4) 몽골에 항복하지 않겠다는 삼별초의 굳은 뜻은 길이 남았다. (　　　　)

🏷️ **역사 용어**

무신 정권 1170년에 무신이 난을 일으켜 1270년까지 권력을 잡은 시기.
배중손 고려의 무신으로, 삼별초 항쟁을 이끈 우두머리.
삼별초 별초란 특별히 가려 뽑은 정예 부대란 뜻으로, 좌별초, 우별초, 신의군으로 구성됨.

원나라의 간섭을 받게 된 고려

강화도에서 개경으로 도읍을 옮긴 뒤, 고려는 몽골의 간섭을 받게 되었어요. 몽골은 중국을 정복한 뒤 나라 이름을 '원'으로 바꾸었어요. 원나라는 고려의 어린 왕자들을 데려가 원나라에서 자라게 하고, 원나라 공주와 혼인시켰어요.

원나라는 고려를 원의 사위 나라라고 하여 황제라는 호칭을 쓰지 못하게 했어요. 또 원나라에 충성한다는 뜻으로 왕의 이름에 충렬왕*, 충선왕처럼 '충(忠)' 자를 넣었어요.

원은 고려에 관청을 설치하고 나랏일에도 간섭했어요. 고려 왕도 마음대로 바꾸었지요. 이뿐 아니라 고려는 원나라에 매년 금, 은, 인삼, 매 등을 보내야 했어요. 또 수천 명이 넘는 고려 처녀들이 '공녀*'가 되어 원나라로 끌려갔어요.

원의 간섭은 약 80년 동안 이어졌어요. 원의 간섭을 받는 동안 많은 고려의 백성이 고통을 받았지요.

1270년
개경으로
다시 도읍을
옮김.

1274년
충렬왕이
왕위에 오름.

1280년
원나라가
정동행성을
설치함.

읽은 것 확인하기

1 몽골이 중국을 정복한 뒤 나라 이름을 무엇으로 바꾸었는지 쓰세요.

　　　　　나라

2 원나라의 간섭을 받는 고려의 모습으로 맞는 것을 모두 고르세요.

① 고려의 왕자들이 원나라에서 자랐어요.
② 고려의 왕자들은 원나라 공주와 혼인했어요.
③ 고려 왕들은 원나라의 말을 듣지 않아도 되었어요.
④ 고려 왕들은 모두 황제라는 호칭을 썼어요.

3 원나라의 간섭을 받을 때 고려 왕의 이름에 '충(忠)' 자가 들어간 이유를 쓰세요.

원나라에 　　　　　　　　　　　　　　　　　는 뜻이에요.

4 글을 읽으면서 알맞은 말에 ○ 하세요.

수천 명이 넘는 고려 처녀들이 (원녀 / 공녀)가 되어 원나라로 끌려갔어요.

역사용어

충렬왕 고려 제25대 왕으로, 처음 원나라 황제의 사위가 되었음.
공녀 충렬왕 때부터 공민왕 초기까지 원나라에 보내진 고려의 처녀들을 가리킴.

고려에서 유행한 몽골풍

　고려가 원나라의 간섭을 받을 때 많은 사람이 고려와 원나라를 오가고 사이가 가까워지면서 고려의 풍속에는 많은 변화가 있었어요.

　어린 시절을 원나라에서 보낸 고려의 왕은 고려에 와서도 몽골족의 풍습을 따랐어요. 고려 왕비가 된 원의 공주도 궁궐에서 몽골식으로 생활했지요.

　고려에는 몽골식이 널리 퍼졌어요. 머리 뒷부분만 남기고 모두 깎은 뒤 뒷머리를 땋아 늘어뜨린 몽골식 머리 모양인 '변발'과 소매가 좁고 허리가 잘록하여 활동하기 편한 몽골식 옷인 '호복'이 유행했어요. 또 세자빈을 가리키는 마누라*, 임금의 음식인 수라*, 궁녀를 뜻하는 무수리* 등 원나라에서 쓰는 말이 들어왔어요.

　원나라 음식인 만두도 전해졌어요. 혼례식 때 신부가 쓰는 족두리는 '고고'라고 하는 몽골 여인들의 모자가 전해진 것이에요. 나팔 모양의 악기 태평소도 원나라에서 들어온 것이지요.

　이처럼 고려에서는 '몽골풍'이라는 몽골족의 풍습이 유행하게 되었어요.

족두리

태평소

1274년	1280년	1314년
충렬왕이 왕의 자리에 오름.	원나라가 정동행성을 설치함.	충선왕이 원나라에 만권당을 세움.

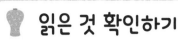

읽은 것 확인하기

1 고려에서 원나라의 문화가 유행하게 된 이유는 무엇인가요?

① 원나라가 강제로 고려 백성들에게 원나라 문화를 따르게 했기 때문에

② 고려 왕들이 원나라로 돌아가고 싶어 했기 때문에

③ 원나라의 간섭을 받을 때 고려와 원나라의 사이가 가까워졌기 때문에

2 다음은 무엇에 대한 설명인지 알맞은 것을 찾아 줄로 이으세요.

| 머리 뒷부분만 남기고 모두 깎은 뒤 뒷머리를 땋아 늘어뜨린 몽골식 머리 모양 | • | • | 호복 |
| 소매가 좁고 허리가 잘록하여 활동하기 편한 몽골식 옷 | • | • | 변발 |

3 원나라에서 전해진 것을 모두 찾아 ○ 하세요.

만두   화포   족두리   쓰개치마   태평소   장구

4 원나라의 간섭을 받을 때 고려의 풍습에 어떤 변화가 있었는지 쓰세요.

고려에서는 [   ] 이라는 몽골족 풍습이 유행했어요.

역사 용어

마누라 지금은 중년이 넘은 아내를 이르는 말이지만 조선 시대에는 왕비나 세자빈과 같이 높은 여인을 가리키는 말로, 몽골어 '마눌'이 변한 것으로 추측됨.

수라 임금의 진지를 가리키는 말로, 몽골어 '술런'이 변한 것으로 추측됨.

무수리 궁궐에서 청소를 하는 여자 종으로, 몽골어로 '소녀'라는 뜻임.

목화씨를 들여온 문익점

원나라에 사신으로 간 문익점은 그곳에서 목화로 지은 옷으로 겨울을 따뜻하게 지낸다는 말을 듣게 되었어요.

'고려 백성들도 목화로 지은 옷을 입으면 얼마나 좋을까?'

당시 고려 백성들은 삼베로 만든 옷을 입었어요. 삼베옷은 추위를 막기 어려웠어요. 귀족들은 겨울에 비단옷을 입었는데, 비단옷은 비싸고 귀해서 대부분의 백성들은 입을 수 없었어요.

문익점은 고려로 돌아올 때 목화씨를 가져왔어요. 그리고 장인 정천익과 함께 목화씨를 심었어요. 그런데 모두 죽어 버리고 겨우 한 그루만 살아남았어요. 다행히 씨앗을 얻어 몇 년 뒤에는 많은 목화를 얻을 수 있게 되었어요. 그리고 원나라 승려에게 목화에서 실을 뽑는 방법도 배웠어요.

그 뒤 고려 백성들은 문익점이 알려 준 대로 목화를 기르고, 실을 뽑아 옷을 만들어 입었어요. 겨울에는 목화솜을 두툼하게 넣어 누빈 옷과 이불로 따뜻하게 지냈지요. 나라에서도 목화를 많이 기르라고 권했어요.

그 후, 목화는 우리나라 사람들의 옷차림과 생활에 큰 변화를 가져왔어요.

1360년	1363년	1364년
문익점이 문과에 급제함.	문익점이 원나라에서 목화씨를 가져옴.	목화를 기르기 시작함.

1 원나라에서 목화씨를 가지고 온 사람이 누구인지 쓰세요.

2 목화가 들어오기 전 고려 백성들의 옷차림은 어땠는지 알맞은 것에 ○ 하세요.

> 비단옷을 입고 있어서
> 일하기 불편했어요.

> 삼베로 만든 옷을 입어서
> 추위를 막기 어려웠어요.

3 목화를 기르면서 바뀐 고려 사람들의 모습에 맞게 빈칸에 알맞은 말을 쓰세요.

> 겨울에는 _____ 을 넣어 누빈 옷과 이불로 따뜻하게 지냈어요.

4 문익점이 목화씨를 들여온 과정을 차례에 맞게 번호를 쓰세요.

> 문익점이 원나라에서 목화씨를 가져왔다.

> 원나라 승려에게 목화에서 실을 뽑는 방법을 배웠다.

> 문익점이 장인 정천익과 함께 목화씨를 심었다.

> 목화를 기르는 데 성공해 목화를 얻었다.

역사 용어

삼베 식물인 삼의 껍질에서 실을 뽑아 짠 섬유로, '베'라고도 함.

화약을 만든 최무선

고려 말에는 왜구[*]가 자주 쳐들어와 곡식이나 물건을 빼앗아 갔어요. 이 때문에 바닷가 마을에 사는 백성들의 피해가 컸어요.

최무선은 왜구를 물리칠 무기가 필요하다고 생각했어요.

'왜구가 타고 다니는 배를 한번에 부술 방법이 없을까?'

최무선은 화약을 만들기로 결심했어요. 먼저 최무선은 벽란도에서 화약을 다루던 원나라 기술자를 만나 화약을 만드는 방법을 배웠어요. 하지만 화약을 완성하는 것은 무척 어려운 일이었지요. 최무선은 20여 년의 연구 끝에 화약을 만드는 데 성공했어요.

최무선은 나라에 화약과 무기를 만드는 관청이 필요하다고 건의했어요. 나라에서는 화통도감[*]을 만들고 최무선을 책임자로 임명했지요.

그 뒤 최무선은 화약의 힘으로 탄알을 쏘는 화포를 만들어 진포[*]에서 왜구를 크게 무찔렀어요.

최무선의 화약과 화포 덕분에 왜구의 침략이 줄어들었어요.

고려 말의 화약 무기 만드는 기술로
조선 전기에 만들어진 천자총통

1376년	1377년	1380년
최영 장군이 왜구를 물리침.	최무선의 건의로 화통도감이 설치됨.	진포 대첩

🌼 읽은 것 확인하기

1 최무선이 왜구를 물리치려고 한 이유로 알맞은 것에 ○ 하세요.

> 왜구가 바닷가 마을에 쳐들어와
> 곡식과 물건을 빼앗아 가서

> 왜구가 일본으로 가는 길을
> 막고 있어서

2 빈칸에 들어갈 말을 〈보기〉에서 찾아 쓰세요.

보기

화약　조총
최무선　최영

은 왜구를 물리치기 위해

을 만들기로 결심했어요.

3 최무선이 건의하여 만들어진 화약과 무기를 만드는 관청의 이름을 쓰세요.

4 글을 읽으면서 알맞은 말에 ○ 하세요.

> 최무선은 화약의 힘으로 탄알을 쏘는 (화포 / 화구)를 만들어
> (진포 / 다대포)에서 왜구를 크게 무찔렀어요.

🚩 역사 용어

왜구 일본 해적으로, 작지만 빠른 배를 타고 다녔음.
화통도감 화약과 무기를 만들기 위해 설치된 관청으로, 20여 종에 이르는 화약 무기를 제조함.
진포 충청남도 서천군 남쪽에 있던 항구.

실패로 끝난 공민왕의 개혁 정치

공민왕은 열두 살이 되던 해 원나라로 가 10년 동안 그곳에서 살았어요. 공민왕이 고려에 돌아와 왕의 자리에 올랐을 때 원나라는 크게 혼란스러웠어요. 귀족들이 서로 다투었고, 홍건적*이 여기저기서 난을 일으켰지요. 공민왕은 지금이 고려가 원나라의 간섭에서 벗어날 때라고 생각했어요.

공민왕은 가장 먼저 몽골식 머리와 옷차림을 금지했어요. 그리고 원나라의 편이 되어 힘을 휘둘렀던 기철* 등을 없앴어요.

또, 공민왕은 원이 고려의 나랏일을 간섭하기 위해 세운 정동행성을 없애고, 원의 쌍성총관부*를 공격해 고려의 땅도 되찾았어요. 원나라도 군대를 보내 고려를 공격했지만 최영과 이성계가 물리쳤어요.

공민왕은 신돈이라는 승려에게 개혁을 맡겼어요. 신돈은 귀족들이 백성들에게 빼앗은 땅을 백성들에게 돌려주고, 억울하게 노비가 된 사람을 풀어 주었어요. 하지만 개혁에 반대하던 귀족들에게 반역죄로 몰려 신돈은 결국 목숨을 잃었어요.

그 뒤 공민왕도 신하들에게 죽임을 당하고 말았어요.

개성에 있는 공민왕릉

1351년	1356년	1374년
공민왕이 왕위에 오름.	정동행성, 쌍성총관부를 없앰.	공민왕이 죽음.

읽은 것 확인하기

1 공민왕이 왕이 되었을 때 혼란스러운 원나라를 보며 생각한 것을 쓰세요.

> 공민왕은 지금이 고려가 원나라의 _____ 에서 벗어날 때라고
> 생각했어요.

2 공민왕이 실시한 개혁을 모두 고르세요.

① 몽골식 머리와 옷차림을 금지했어요.
② 원나라 사람들을 고려에서 다 쫓아냈어요.
③ 원나라의 편이 되어 힘을 휘둘렀던 기철 등을 없앴어요.
④ 정동행성을 없애고 쌍성총관부를 공격했어요.

3 공민왕을 도와 원나라의 군대를 물리친 고려 장수 두 명의 이름을 쓰세요.

과

4 글을 읽으면서 알맞은 말에 ○ 하세요.

> 공민왕은 (신돈 / 신궁)이라는 승려에게 (궁궐 / 개혁)을 맡겼어요.

역사 용어

홍건적 원나라에 반대하던 무리로, 머리에 붉은 수건을 쓰고 있었음.
기철 고려의 신하로, 공녀로 끌려간 누이가 원나라 황후가 되자 원나라의 힘을 믿고 횡포를 부림.
쌍성총관부 원나라가 고려의 동북부 지역을 다스리기 위해 함경북도 화주에 세운 기구.

해답과 도움말

문제를 풀면 바로 답을 확인해 주시고,
틀린 문제는 한 번 더 풀도록 지도해 주세요.

8~9쪽 통 일 신 라 **흔들리는 천년 왕국, 신라**

1 ①, ②
2 ③, ②
3 진성 여왕 때 농민들이 **봉기**해 지방의 관청을 습격했어요.
4 호족

도움말

합천 해인사 길상탑은 진성 여왕 때 도적들에게 목숨을 빼앗긴 사람들을 기리기 위해 세운 것이에요. 통일 신라 때 학자였던 최치원이 당시 전쟁과 흉년으로 인해 혼란한 상황과 백성들의 어려운 생활 모습을 기록한 글이 적혀 있어요.

10~11쪽 후 삼 국 **후백제를 세운 견훤**

1 **견훤**은 신라의 장군이었으나, 농민들이 도적 떼가 된 것을 보고 신라에 맞서 새로운 나라를 세웠어요.
2 백제
3 후백제
4 (1) ×, (2) ○, (3) ○, (4) ×

도움말

견훤은 상주의 호족 아자개의 맏아들이었어요. 견훤은 아기였을 때 호랑이가 와서 젖을 물리고 갔다는 말이 전해질 정도로 몸집이 우람하고, 힘이 남달랐다고 전해져요.

12~13쪽 후 삼 국 **후고구려를 세운 궁예**

1 궁예
2 궁예는 **송악**에 도읍을 정하고 **후고구려**를 세웠어요.
3 3, 2, 1, 4
4 ③

도움말

궁예는 자신이 이 세상을 구원할 미륵이라고 하며 승복에 황금 모자를 쓰고 다녔어요.

14~15쪽 고 려 **고려를 세운 왕건**

1 ①, ②, ④
2 홍유, 배현경, 복지겸, 신숭겸
3 왕건은 옛 **고구려**를 잇는다는 뜻으로, 나라 이름을 **고려**라고 했어요.
4 왕건은 도읍을 **철원**에서 **송악**으로 옮겼어요.

도움말

왕건의 집안은 해상 무역을 하여 부를 쌓은 호족이었어요. 왕건은 아버지와 함께 궁예의 부하가 되어 여러 전투에서 승리했어요.

고 려 ## 후삼국을 통일한 고려

1 공산 전투에서는 **후백제**가 승리했고,
3년 뒤인 고창 전투에서는 **고려**가 승리했어요.
2 견훤이 넷째 아들인 금강에게 **왕위**를 물려주려고 했기 때문에
3 2, 3, 1, 4
4 ①, ③

도움말

신라의 경순왕이 고려에 항복하자, 경순왕의 아들은 울면서 금강산으로 들어갔어요. 그리고 삼베옷을 입고 나물을 먹으며 남은 생을 보냈어요. 태자가 삼베옷을 입었다고 해서 '마의 태자'라고 불렸어요.

고 려 ## 29명의 부인을 거느린 왕건

1 힘센 호족들을 자기편으로 만들기 위해서
2 29명
3 한 가족이란 뜻으로 자신의 성인 **왕씨 성**을 주었어요.
4 (1) ×, (2) ○, (3) ×, (4) ○

도움말

태조 왕건은 부인 29명 사이에서 왕자 25명과 공주 9명을 두었어요. 왕자가 많다 보니 왕건이 죽은 뒤 왕의 자리를 두고 다툼이 일어나 나라가 혼란에 빠지게 되는 원인이 되었어요.

고 려 ## 태조 왕건의 가르침이 담긴 훈요 10조

1 **훈요** 10조
2 **불교**를 널리 믿어라.
3 ②
4 (1) ○, (2) ○, (3) ×, (4) ○

도움말

태조는 세상을 떠나기 전에 자신이 가장 믿었던 신하 박술희를 불러 유언을 적게 했어요. 그것이 바로 훈요 10조로 고려 정치의 기본 방향을 제시하였어요.

고 려 ## 대대로 이어지는 문벌 귀족

1 음서
2 문벌 귀족
3 고려 시대에는 관리가 되면 나라에서 **전시과**와 일년에 두 번
녹봉을 받았어요.
4 (1) ○, (2) ×, (3) ○, (4) ×

도움말

음서로 아들, 손자뿐 아니라 외손자, 사위, 조카도 관리가 될 수 있었어요. 음서를 통해 관직을 받을 수 있는 나이는 18세 이상으로 정해져 있었지만, 실제로 15세 정도가 되면 관직을 받았어요.

고 려 **당당한 고려의 여성들**

1 ②, ③

2 여성

3 (1) ✕, (2) ◯, (3) ◯, (4) ✕

4 고려 시대에는 아들과 딸을 차별하지 않았어요.

도움말

고려 시대에는 아들이 집안의 대를 이어야 한다는 생각이 별로 없었어요. 맏아들이 집안의 대를 잇고, 제사를 모셔야 한다는 생각은 조선 시대에 생겨난 것이지요. 따라서 고려 시대에는 아들과 딸을 차별하지 않았어요.

고 려 **불교의 나라, 고려**

1 불교

2 고려의 왕들은 나라 곳곳에 **절**을 짓고 **불상**을 만들었어요.
  호족들도 자신의 힘을 보여 주기 위해 거대한 불상을 만들었어요.

3 논산 관촉사 석조 미륵보살 입상, 부여 대조사 석조 미륵보살
  입상, 파주 용미리 마애이불입상 중 1개

4 ②, ③

도움말

고려의 불상은 커다란 모습으로 땅에 우뚝 서 있거나 바위에 새겨져 있어요. 대체로 크기가 크고, 머리 부분이 큰 것이 특징이에요.

고 려 **고려에서는 관리를 어떻게 뽑았을까요?**

1 **과거**는 시험을 치러 능력 있는 사람을 관리로 뽑는 제도예요.
  광종 때 처음 과거 제도를 실시했어요.

2 유학

3 개경에는 국립 교육 기관인 **국자감**을,
  지방에는 **향교**를 세웠어요.

4 ①, ③, ④

도움말

신라에서는 가문이 좋아야 높은 관직에 오를 수 있었지만, 고려에서는 과거가 실시되어 집안이 좋지 않더라도 높은 관직에 오를 수 있었어요.

고 려 **고려의 국제 무역항, 벽란도**

1 벽란도

2 송나라, 아라비아

3 인삼, 종이, 먹, 나전 칠기

4 코리아

도움말

벽란도에서 개경까지는 서너 시간 만에 갈 수 있는 거리였어요. 벽란도로 들어온 송나라 상인들은 개경의 시전에서 직접 물건을 팔거나 개경 상인에게 물건을 넘기기도 했어요.

32~33쪽　고 려 　고려의 다양한 금속 화폐

1 ①, ③
2 성종 때 **건원중보**라는 금속 화폐를 처음 만들었어요.
　숙종 때 화폐를 만드는 관청인 **주전도감**을 세웠어요.
3 은병
4 (1) ✕, (2) ◯, (3) ◯, (4) ✕

> **도움말**
>
> 고려 시대의 무덤에서는 중국 동전이 많이 발견되어요. 송나라와 무역을 하면서 중국의 동전이 많이 들어왔는데, 사람이 죽으면 소중한 물건을 함께 묻는 풍습에 따라 중국 동전을 넣은 것이지요.

34~35쪽　고 려 　연등회와 팔관회

1 **연등회**와 **팔관회**
2 집과 절마다 연꽃 모양의 **등불**을 밝혔어요.
3 (1) ◯, (2) ✕, (3) ◯, (4) ✕
4 왕과 신하, 백성의 마음을 모두 하나 되게 했어요.

> **도움말**
>
> 연등회와 팔관회는 고려가 세워졌을 때부터 중요한 행사로 여겨졌어요. 특히 팔관회는 모두 함께 즐기는 축제의 의미가 컸는데, 외국 사람까지 참여해 고려의 수준 높은 문화를 널리 알렸어요.

36~37쪽　고 려 　고려를 대표하는 고려청자

1 고려청자
2 ②, ③
3 **상감** 기법
4 상감 기법으로 고려청자는 다채로운 멋을 내게 되었어요.

> **도움말**
>
> 청자가 반쯤 말랐을 때 문양을 조각칼로 파내고, 그 부분에 다른 색의 흙을 채워 넣어요. 그것이 마르면 덧묻은 부분은 깎아 내고 말린 뒤, 유약을 발라 구우면 아름다운 무늬의 상감 청자가 완성되어요.

38~39쪽　고 려 　거란을 물리친 서희의 담판

1 서희
2 (순서대로) 고려는 고구려 후손으로, 우리가 고구려 땅을 돌려받아야 하오. / 거란으로 가는 길에 여진이 있기 때문이오.
3 고려는 **송나라**와 관계를 끊고,
　거란과 교류할 것을 약속했어요.
4 ①, ③

> **도움말**
>
> 서희는 거란이 고려를 침입한 이유를 잘 알고 있었어요. 거란은 송나라와 싸우기 전에 고려와의 관계를 안정시키려했던 것이에요. 거란도 고려와 싸울 생각이 없었던 것이지요.

40~41쪽 고 려 **강감찬과 귀주 대첩**

1 매일 군사들을 훈련시켰어요.

2 ②, ①

3 ①, ④

4 귀주 대첩

도움말

전쟁이 끝난 뒤 고려는 압록강에서 동해안까지 천리장성을 쌓아 외적의 침입에 대비했어요.

42~43쪽 고 려 **왕자에서 승려가 된 대각 국사 의천**

1 문종의 넷째 아들인 후가 승려가 되어 **의천**이라는 법명을 얻었어요.

2 승통

3 ①, ②

4 **대각 국사** 의천

도움말

고려 시대에는 불교를 국교로 정하고, 불교를 장려했기 때문에 왕자들이 승려가 되는 경우가 많았어요.

44~45쪽 고 려 **난을 일으킨 무신들**

1 ②

2 정중부, 이의방, 이고

3 2, 1, 4, 3

4 무신들이 **중방**에서 마음대로 나랏일을 처리했어요.

도움말

무신 정변 이후 중방에서 나라의 중요한 일들을 결정했지만, 최충헌이 권력을 차지한 뒤에는 교정도감을 설치하고, 그곳에서 나라의 일을 결정했어요.

46~47쪽 고 려 **노비의 난을 일으킨 만적**

1 만적

2 ②

3 1, 4, 3, 2

4 신분

도움말

만적의 난은 실패로 끝났지만, 오랫동안 쌓여 온 불만과 천한 신분에서 벗어나고자 한 노비들의 바람에서 일어난 것에 큰 의미가 있어요.

30여 년간 계속된 몽골의 침략

1 몽골족

2 (1) 처음 쳐들어온 때: **1231년**, (2) 전쟁이 끝난 때: **1259년**

3 ④, ③, ②

4 고려는 도읍을 **강화도**에서 **개경**으로 옮기기로 약속했어요.

> 도움말
>
> 몽골의 1차 침입은 고려에 왔다 돌아가던 몽골 사신 저고여가 국경 근처에서 죽임을 당하는 사건이 일어났는데, 이 일을 구실로 쳐들어왔어요.

50~51쪽 고 려 **강화도로 도읍을 옮긴 고려**

1 최우는 도읍을 **개경**에서 **강화도**로 옮기자고 했어요.

2 ①, ④

3 (1) ○, (2) ✕, (3) ○, (4) ✕

4 몽골군은 고려 백성들을 죽이고, **포로**로 끌고 갔어요. 그리고 수많은 **문화재**를 불태웠어요.

> 도움말
>
> 몽골의 2차 침입 때 초조대장경이 불탔어요. 몽골의 3차 침입 때는 경주 황룡사 구층 목탑이 불에 탔어요.

52~53쪽 고 려 **전쟁 중에 만들어진 해인사 대장경판**

1 **부처**의 힘으로 **나라**를 구하고자 대장경을 만들었어요.

2 초조대장경

3 (1) ○, (2) ✕, (3) ✕, (4) ○

4 경상남도 합천군에 있는 **해인사**에 보관되어 있어요.

> 도움말
>
> 경판을 만든 목판은 바닷물에 담근 뒤 소금물에 쪄서 몇 년 동안 그늘에 말려서 썼어요. 이 때문에 경판이 뒤틀리지 않으며, 썩지 않고 오랫동안 보존될 수 있는 것이에요.

54~55쪽 고 려 **금속 활자와 《직지심체요절》**

1 (순서대로) 목판, 활판

2 (1) 오래 보관할 수 있다, (2) 여러 종류의 책을 인쇄할 수 있다.

3 《직지심체요절》

4 ①, ②, ④

> 도움말
>
> 금속 활자를 이용해 처음 인쇄한 책은 만든 《상정고금예문》인데, 이 책은 오늘날까지 전해지지 않아요. 《직지심체요절》이 남아 있는 세계 최고의 금속 활자 본이에요.

고 려 **삼별초의 항쟁**

1 고려 **무신** 정권이 끝난 뒤에야
  도읍을 **개경**으로 옮길 수 있었어요.
2 **몽골군**과 끝까지 **싸우겠다**며 군사를 모았어요.
3 2, 1, 3
4 (1) ○, (2) ✕, (3) ✕, (4) ○

도움말

삼별초는 무신 최우가 만든 야별초에서 시작된 부대로, 무신 정권을 유지하는 군대였어요. 삼별초가 몽골에 끝까지 저항해 고려의 자주 정신을 보여 주었지만, 무신 정권을 위해 싸웠다는 점에서 한계가 있었어요.

고 려 **원나라의 간섭을 받게 된 고려**

1 **원**나라
2 ①, ②
3 원나라에 **충성한다**는 뜻이에요.
4 공녀

도움말

원의 간섭을 받게 된 고려는 원나라의 일본 정벌에도 함께 나섰어요. 그러나 두 차례의 일본 정벌은 실패로 끝났어요. 그리고 이때 세운 정동행성이라는 관청은 그대로 남아 고려의 나랏일을 간섭하는 기관이 되었어요.

고 려 **고려에서 유행한 몽골풍**

1 ③
2 (순서대로) 변발, 호복
3 만두, 족두리, 태평소
4 고려에서는 **몽골풍**이라는 몽골족 풍습이 유행했어요.

도움말

원나라에서도 '고려양'이라고 불리는 고려의 문화가 많이 유행했어요. 고려에서 끌려간 사람들이나 공녀들에 의해 고려의 풍습이 전해졌기 때문이었지요. 고기를 지지거나 튀기는 조리 방법, 떡, 고려의 옷 등이 유행했어요.

고 려 **목화씨를 들여온 문익점**

1 문익점
2 삼베로 만든 옷을 입어서 추위를 막기 어려웠어요.
3 겨울에는 **목화솜**을 넣어 누빈 옷과 이불로 따뜻하게 지냈어요.
4 1, 4, 2, 3

도움말

목화로 짠 옷감인 무명은 삼베보다 옷감이 부드럽고, 삼베를 만들 때보다 힘이 덜 들었어요. 또 땀 흡수도 잘되고, 빨래도 쉬워졌지요. 무명은 널리 퍼졌고, 그 뒤 세금을 내거나 물건을 살 때 화폐 대신 사용했어요.

고 려 **화약을 만든 최무선**

1 왜구가 바닷가 마을에 쳐들어와 곡식과 물건을 빼앗아 가서

2 **최무선**은 왜구를 물리치기 위해 **화약**을 만들기로 결심했어요.

3 화통도감

4 화포, 진포

도움말

화포는 배를 가까이 대지 않고도 화약의 힘으로 탄환을 멀리 날려 적의 배에 피해를 줄 수 있었기 때문에 왜구를 공격하는 데 매우 효과적이었어요.

고 려 **실패로 끝난 공민왕의 개혁 정치**

1 공민왕은 고려가 원나라의 **간섭**에서 벗어날 때라고 생각했어요.

2 ①, ③, ④

3 **최영**과 **이성계**

4 신돈, 개혁

도움말

신돈은 어머니가 절에서 일하는 노비여서 승려가 되었어요. 공민왕은 신돈에게 개혁을 맡겼어요. 신돈은 전민변정도감이라는 관청을 두고 개혁을 해 나갔어요. 하지만 그를 반대하는 귀족 세력에 의해 반역죄로 몰려 죽임을 당했어요.

찾아보기

ㄱ

강감찬	40
강화 고려 궁지	50
개경	34
거란	38, 40
건원중보	32
견훤	10, 16
경순왕	16
고려	14, 16
고려청자	36
고창	16
공녀	58
공민왕	66
공민왕릉	66
공산	16
공음전	22
과거	28
광종	28
교종	42
구텐베르크	54
국자감	28
궁예	12
귀주 대첩	40
금산사	16
금속 화폐	32
금속 활자	54
기철	66

김윤후	48

ㄴ

녹봉	22
논산 관촉사 석조 미륵보살 입상	26
《논어》	28

ㄷ

대각 국사	42
동국통보	32

ㅁ

마누라	60
만월대	14
만적의 난	46
《맹자》	28
몽골	48, 56
몽골풍	60
무수리	60
무신 정권	56
무신 정변	44
문벌 귀족	22

문익점	62

ㅂ

배중손	56
배현경	14
법명	42
벽란도	30
변발	60
복지겸	14
봉기	8
부여 대조사 석조 미륵보살 입상	26

ㅅ

삼베	62
삼별초	56
삼한중보	32
상감 기법	36
상감 청자	36
서경	20
서희	38
선종	42
소배압	40
소손녕	38
송나라	30

송악	12, 14
수라	60
수박희	44
신검	16
신돈	66
신숭겸	14
신혜 왕후	18
쌍성총관부	66

ㅇ

아라비아	30
양길	12
여진	30
연등회	34
연적	36
완산주	10
왕건	14, 18, 20
왜구	64
원나라	58, 60
유네스코 세계 기록 유산	52, 54
유민	16
유약	36
유학	28
은병	32
음서	22, 28

의자왕 10

의종 44

의천 42

이고 44

이의방 44

최무선 64

최우 50

최충헌 46

충렬왕 58

칭기즈 칸 48

ㅈ

장화 왕후 18

전시과 22

정동행성 66

정중부 44

주전도감 32

중방 44

《직지심체요절》 54

진성 여왕 8

진포 64

ㅌ

태봉 12

ㅍ

파주 용미리 마애이불입상 26

팔관회 34

팔만대장경 52

포석정 8

풍수지리설 20

ㅊ

처인성 전투 48

천자총통 64

천태종 42

철원 12

청자 상감운학 무늬 매병 36

초조대장경 52

ㅎ

해동통보 32

해인사 52

해인사 대장경판 52

해인사 장경판전 52

향교 28

호기	34
호복	60
호족	8, 18
홍건적	66
홍유	14
화통도감	64
화포	64
활자	54
후고구려	12
후백제	10
후삼국	16
훈요 10조	20
흥화진	40

1일 1독해